HERO

活出你內在的英雄

HERO

活出你內在的英雄

Rhonda Byrne

「有個方法可以測試你在世上的任務是否已經完成：
如果你還活著，那任務就尚未完成。」

理查・巴哈
《夢幻飛行》

獻給每一位英雄

致謝

　　每一個新專案都包含了一段旅程，從一個想法的種子開始，沿著它自身獨特的路徑前進，直到最後在這個世界成形。我喜愛旅程中的刺激，因爲會有意想不到的曲折、驚喜、興奮和喜悅。但最重要的是，當我回頭看這段旅程時，我看見一群不可思議的人在把這個專案帶到世界上的過程中扮演重要角色，他們使我感到謙卑。創作《Hero：活出你內在的英雄》這本書的旅程從頭到尾都充滿喜悅，而我想要感謝下面這些傑出人士，有了他們，你才能把這本特別的書握在手中：

　　感謝本書的十二位貢獻者，他們透過分享自身經驗來啓發和鼓舞他人，我何其有幸可以跟他們共事：莉姿・茉芮、彼得・傅優、約翰・保羅・德喬利亞、安娜塔西亞・蘇兒、麥可・艾克頓・史密斯、彼得・布瓦西、馬斯汀・基普、G. M. 拉奧、皮特・卡羅、萊爾德・漢彌爾頓、萊恩・比契莉，以及保羅・歐法拉。謝謝你們信任我，毫不遲疑地提供你們寶貴的時間；也感謝你們在《Hero：活出你內在的英雄》還只是個想法的種子時，就看到它的願景和潛力。

感謝這些貢獻者優秀的助理提供寶貴協助，還有那些在貢獻者的基金會和慈善單位工作的優秀同仁。感謝你們成爲這本書的一部分，讓我們可以突顯你們正在做的那些偉大的工作。特別感謝麥拉－亞歷杭德拉・加西亞、路加・卡爾普、布瓦那・查克拉瓦西、傑米・戴文、梅根・麥克葛雷斯，以及塔瑪拉・阿扎爾。

感謝《祕密》團隊成員絲凱・拜恩和保羅・哈林頓跟我緊密合作，創作出《Hero：活出你內在的英雄》的架構。他們接下整理貢獻者文字的龐大任務，以及在創作過程中提出天才般的見解。除此之外，感謝絲凱的深度理解，並完美地編輯我的文字；沒有她的編輯，這本書不會是現在這個樣子。

感謝《Hero：活出你內在的英雄》的專案經理葛蓮達・貝爾，不只爲這本書找來十二位貢獻者，並安排訪談的時間、與所有貢獻者的基金會連絡。感謝安德列・凱爾在葛蓮達身旁勤奮地工作，爲《Hero：活出你內在的英雄》帶來最完美的貢獻者。謝謝你們。

感謝在《祕密》團隊負責出版事物的珍妮・柴爾德。謝謝你的鼓勵、熱忱，以及爲了《Hero：活出你內在的英雄》不

辭辛勞地工作，將來自世界各地的出版、插畫及網站團隊，集結成一股充滿創意的力量。

　感謝《祕密》團隊的創意總監，尼克・喬治。謝謝你為這本書繪製的壯麗插畫和原創作品，並感謝你持續啟發我寫出搭配你的畫的文字。謝謝我們的插畫團隊，高瑟多媒體的薛莫斯・霍爾和安娜・拜絲，再次感謝你們的貢獻及天分。

　感謝我優秀的出版團隊——心房圖書及賽門・舒斯特出版公司。謝謝他們對我的書、《祕密》團隊和我的支持。感謝卡洛琳・雷狄、裘蒂絲・柯爾、丹尼斯・歐羅、達琳・德里羅；感謝我的編輯莎拉・伯拉罕的指導，以及麗莎・凱姆、艾琳・艾哈恩、保羅・歐賽斯基、吉姆・泰爾、達妮埃拉・韋克斯勒，以及文字編輯伊索爾德・紹爾和金柏莉・高德斯坦。

　感謝《祕密》團隊的成員，我有幸可以每天跟他們一起工作：唐納德・齊克、蘿莉・莎拉波夫、馬克・歐康納、喬許・哥爾德、我的個人助理吉兒・尼爾森、柯瑞・喬漢辛、彼得・拜恩、彩・李，以及瑪茜—高爾登・克里利。

感謝我們在格林伯格‧格拉斯克爾律師事務所的法務小組：邦妮‧埃斯凱納齊和亞倫‧莫斯。對曼格‧托爾斯律師事務所的布萊德‧布萊恩也致上我永恆的謝意。還有蘿拉‧麗芙，以及我們的公關公司愛德曼的團隊，謝謝你們。

感謝摯友和家人持續在我的工作上支持和啓發我，我非常珍惜他們在我生命中的存在。感謝你們。也謝謝我美好的父母——你們絕對是最棒的。

感謝我的女兒海莉，她教導我要在這個物質世界已知的事物之外尋找答案，也謝謝她完美的生命結晶——莎凡娜‧拜恩‧柯羅寧。謝謝凱文‧「小子」‧麥可米、美麗的歐庫‧鄧恩，以及保羅‧柯羅寧的愛與支持，還有安琪兒‧馬汀‧維里歐斯持續提供靈性上的指導和智慧。

最後，創作《Hero：活出你內在的英雄》的想法是來自某天晚上我突然接收到的靈感，所以，我深深地感謝宇宙和宇宙心智利用這麼特別的專案來啓發我，並在通往它在地球上的創作的旅程中引導我走每一步。

目次

前言

　　這本書要說一個故事，一個改變我人生的故事，它自古以來也改變了其他許多人的生命。這個故事從很早很早以前就開始流傳，雖然在世界上各個文化與國家以不同的形式出現，但故事的本質是不變的。這是關於一個英雄在地球上展開一段英勇旅程的故事。

　　地球滿布浩瀚的海洋、高山、叢林、令人讚歎的海岸線、一望無際的草原，以及各種動植物奇觀，美得無以倫比。而除了大自然之美外，還有居住在這塊土地的人類體驗到的所有喜悅。但這個英雄發現，地球上的生活對人類來說也同時充滿挑戰。從童年時期、青春期、成年期，最終進入老年，成長是痛苦的，而且每個人都會經歷身體的病痛、匱乏、悲傷，以及最後的死亡。

喜悅與痛苦同時存在，因為這個美麗的地球是一個二元的、對立的世界。每樣事物都有其反面，例如有光明就有黑暗、近與遠、上與下、左與右、熱與冷，我們在人生的每個階段都會經歷這些對立面。朋友與敵人、陷入愛河與失戀、安心與不確定、富有與貧窮、喜樂與絕望，而每個人身上都有正面和負面的特質。在地球上，每樣事物都有其反面。

這正是你來到這個世界的原因：你想要到一個可能讓你體驗到巨大的喜悅與愛，也可能體驗到巨大的挑戰與痛苦的地方。你想要來這裡經歷生活在一個美麗卻充滿挑戰性的地方的冒險過程，你決定不讓任何困難阻礙你發掘自己內在的英雄。你想要踏上「英雄之旅」……因為你就是這個故事的英雄。

踏上英雄之旅時，你並非手無寸鐵。你生來就具備非常強大的能力，足以讓你實現夢想，並克服生命中將會遭逢的所有試煉、阻礙與挑戰。但因為出生在地球這個有限的物質世界裡，你的心智和意識也變得有限——意思就是，你不記得你真正的本質，不記得你的內在有強大的能力。而你必須自己去把這些東西找出來。

　　只有透過完成英雄之旅，讓你最崇高的人性特質在你之內出現，最終你才能成爲英雄。接著，你又會懷抱一個新目標——帶著你在旅程中發現的一切，去幫助那些正要展開他們自己的英雄之旅的人。

　　接下來要登場的這些人都已經踏上了自己的英雄之旅。他們來自世界各地，要與你分享自己的故事，以及他們所經歷的一切，來協助你展開你自己的英雄之旅。

莉姿·茉芮—來自美國

莉姿·茉芮的父母吸毒成癮，她在紐約的貧民窟長大。青少年時期，她的母親過世、父親進入收容所，她變得無家可歸。莉姿沒有完成學業，睡在樓梯間，而且靠著在商店偷竊食物過活，但正是在那個時候，她心裡有個夢想：她要上哈佛大學。四年後，莉姿實現了夢想，而且透過分享自己的故事，成了暢銷書作家，以及全球最搶手的激勵講師之一。

G. M. 拉奧—來自印度

G. M. 拉奧在印度一個沒有電、沒有電話的小村莊長大，那裡的居民必須排隊領取固定配額的生

活用品。儘管第一次的中學考試失敗，但拉奧想
要從商，希望將來有一天可以擁有一個小事業，
和一棟足可安身立命的房子。幸好，他一直對來
到眼前的機會保持十分開放的態度。從一開始的
黃麻廠，拉奧逐漸擴大自己的事業，直到今天，
他的龐大帝國經營的業務包含發電廠、機場與高
速公路開發，以及城市開發。

萊爾德‧漢彌爾頓—來自美國

萊爾德‧漢彌爾頓在夏威夷一個破碎的家庭中長
大，從小被排斥、受歧視，讓他領悟到自己必須
快速成長，於是決定成為衝浪選手，去其他衝浪
者沒去過的地方證明自己。他在海裡的激烈冒險
活動讓他多次嚴重受傷、骨頭斷裂，也讓他在大
海中迷失方向許多次。然而，萊爾德依舊實現了
夢想，打破眾人原本以為的極限，進而成為有史
以來最偉大的巨浪衝浪選手之一。

安娜塔西亞‧蘇兒—來自羅馬尼亞

安娜塔西亞‧蘇兒和她的家人在冷戰高峰時期，
從共黨執政的羅馬尼亞逃到美國。抵達洛杉磯
時，她身上沒有錢，也不會說英語，在一家美容

院每天工作十四個小時。當安娜塔西亞了解到，除非改變自己正在做的事，否則她的生命不會有任何變化時，她決定開創自己的事業——在比佛利山。安娜塔西亞透過她獨特的修眉法，嘗到快速成功的滋味，而且經過多年努力，她把修眉藝術變成一個橫跨全美和全球的事業體。

保羅‧歐法拉─來自美國

保羅‧歐法拉在求學時期受嚴重的閱讀障礙和過動症所苦。雖然無法識字、閱讀，保羅依舊懷抱野心，想要打造一家比IBM更大的公司。為了克服閱讀障礙，保羅發展出敏銳的觀察力，而這項技能讓他有一天在排隊影印時，看到了一個需求——廉價列印和影印服務。金科氏公司就從那個想法中誕生，最後成長為一家市值幾十億美元的影印服務公司。

彼得‧布瓦西─來自加拿大

彼得‧布瓦西年輕時是一名冰上曲棍球選手，在一次比賽中，他遭受劇烈撞擊，躺在冰上，下半身麻痺。他發誓如果可以用自己的雙腳離開那裡，他會永遠放棄冰上曲棍球。彼得說到做到，

一個小時後，當他能夠站起來時，他便打包行李，轉攻網球。即使從未成爲世界一流的網球選手，彼得卻是歷來最受尊敬的網球教練之一，並打造了世界最大的網球管理公司。

馬斯汀・基普—來自美國

在洛杉磯的音樂產業中，非常年輕的馬斯汀・基普很快就晉升爲管理階層，且頗受歡迎。但日益嚴重的嗑藥和酗酒習慣最終爲馬斯汀帶來此生最大的震撼：他被炒魷魚了。在物質上失去一切、智慧上卻有所增長之後，馬斯汀開始重新塑造自己，透過「每日之愛」這個快速成長的網站、每日電子報及推特帳號，成爲一名勵志部落客和作家。

皮特・卡羅—來自美國

皮特・卡羅夢想著一生就做一件事——從事運動，並成爲職業選手。然而，當他無法進入美國國家美式足球聯盟時，那個夢想便中斷了。這讓皮特不知該拿自己的技能或人生做些什麼，直到他了解自己的夢想仍然可能實現，只不過是以他從未想過的方式——他成了美式足球教練。雖然專業

教練的旅程充滿起伏，皮特還是成爲歷來最能激
勵人心的美式足球教練之一，並以西雅圖海鷹隊
教練的身分獲頒爲國聯的年度最佳教練。

麥可‧艾克頓‧史密斯─來自英國

麥可‧艾克頓‧史密斯大學畢業後，發現自己無
法受人雇用，便決定創業，卻沒有辦法從銀行
貸到任何資金，後來是他母親借給他一千英鎊。
在好幾次創業失敗後，麥可瀕臨破產，但他深信
自己最新的點子絕對獨樹一格。果然，「莫希怪
獸」這個飼養虛擬寵物的線上遊戲席捲英國，並
成爲兒童娛樂遊戲的全球奇蹟。

萊恩‧比契莉─來自澳洲

萊恩‧比契莉七歲大時，母親過世。不久後，萊
恩才發現原來她在嬰兒時期就被領養。她立志成
爲世界衝浪冠軍，希望透過設定這個目標來處理
自己那種失落與被遺棄的感覺，並向世界證明自
己的價值。萊恩達成了目標，贏得世界冠軍，而
且不只一次，是創紀錄的七次，讓她成爲世界最
優秀的女性衝浪選手。

約翰・保羅・德喬利亞—來自美國

小時候，約翰・保羅・德喬利亞和他的弟弟有四年半的時間住在寄養家庭，因為生病的母親無法邊工作邊照顧他們。兄弟兩人後來都加入東洛杉磯的青少年街頭幫派，有一個高中老師預言約翰・保羅絕對成不了大事。二十多歲時，約翰・保羅帶著襁褓中的兒子住在車子裡，靠撿瓶罐換錢維生，老師的預言似乎成真了。然而，約翰・保羅決定為自己的人生做點事。在連續被炒魷魚三次之後，他和保羅・米契爾合夥，只用七百美元就成立自己的美髮產品公司。結果，約翰・保羅・米契爾系統公司每年都有超過十億美元的收益。

彼得・傅優—來自美國

彼得・傅優的父母移民至美國後，一直十分努力工作。小時候，他夢想著一個科技的未來：城市透過太陽能發電運作，電話是移動式的。年紀稍長，他則夢想擁有一個成功的大事業，讓他成為拉丁美洲最優秀的經營者。任何人都會說這些事情不可能成真，然而，彼得才三十三歲就實現了

夢想——他成為電信巨人「耐克斯泰爾通訊‧墨西哥」的總裁。

　　至於我，我出生在澳洲一個工人階級的貧苦家庭。早年我並沒有什麼遠大的抱負，因為我不認為偉大的夢想對我來說是可能的。但在二○○四年，當我發現了一個祕密之後，我的人生從此改變了，而且一個巨大的夢想占據了我——我要跟全世界分享我發現的祕密。二○○六年，《祕密》的影片和書上市之後席捲全球，觸及數千萬人。

　　如果你像當初的我一樣，從不考慮抱持遠大的夢想，因為你不認為它們會實現，請你了解到，在你即將踏上的旅程中，你會找到實現夢想所需的一切——無論你的夢想看起來多麼不可能成真。

　　這是你的故事、你的目標，這是你來到這個地球的原因——踏上英雄之旅，並發掘你內在的英雄。有了你即將得到的無價智慧，以及你強大的能力，你就可以實現自己的夢想，並找到每個人都拚命追尋的那種真實且持久的快樂。無論你現在位於人生哪個階段、無論你年紀多大，追隨夢想永遠不嫌晚。

Part 1

夢想

THE CALL

召喚你去冒險的呼召

排除萬難

沒有人一出生就擁有完美的人生。如果你是這樣，就不會有任何想要努力爭取的東西，不會有想要運用自己的人生創造某樣事物的強烈渴望。你根本不會有夢想。無論出生在什麼樣的環境、無論你有或沒有什麼樣的家庭生活和教育，你來到這裡是為了實現自己的夢想，而且不管你現在身處什麼樣的狀況，你都完全擁有做到這件事所需的一切！

安娜塔西亞・蘇兒
「安娜塔西亞・比佛利山」創辦人
我從零開始，真的是從零開始。我們沒有錢，我不會說英語，也不知道一個西方社會是怎樣運作的——不懂西方人的心態、西方人的金融系統。我甚至不知道

如何開支票，因為在羅馬尼亞是不用支票的。我真的
是從學習英文字母開始。

保羅 · 歐法拉
「金科氏公司」創辦人
很少小孩子有辦法小學二年級就留級，我卻辦得到。
我學不會英文字母，無法閱讀，還總是惹麻煩。我無
法控制自己，我就是很衝動。最後，我十六歲念高中
時就被退學。

碰到的狀況愈棘手、成功的機會愈小，那些狀況通常愈能
作為催化劑，促使我們去尋找自己的夢想。

彼得 · 傅優
「耐克斯泰爾通訊 · 墨西哥」總裁
我的父母移民到美國，我們是從零開始的。我記得
我的褲子不夠長，總是在我的腳踝之上。我父親在
他的國家原本是位將軍，結果到美國之後成了煙囪
清潔工。

萊爾德 · 漢彌爾頓
巨浪衝浪選手
我在一個種族關係緊繃的環境中長大，人們因為我的
出身而討厭我。

「我具備成功所需的所有不利條件。」

賴瑞．艾利森

甲骨文公司共同創辦人

約翰．保羅．德喬利亞
「約翰．保羅．米契爾系統公司」共同創辦人

那時我二十三歲、我兒子兩歲半，而我太太已經離開了。我們的房租三個月沒付，房東便把我們趕走。最後，我們只得睡在車子裡，然後在附近撿拾汽水瓶變現維生。

從他年輕時面對的這些狀況，很難相信約翰．保羅．德喬利亞會打造出一家非常成功的美髮產品公司——約翰．保羅．米契爾系統。他為自己創造了一個你無法從他一開始的生活辨認出來的人生，而且他是運用你的內在此刻就擁有的特質做到的。

G. M. 拉奧
機械工程師及「GMR集團」創辦人

我從零開始。我居住的村莊很小，只有五千個人，而且沒有電話、沒有電。我們只有一瓶冰水，大家分著喝，還得排隊領取每個月固定配額的糖和牛奶。

　　無論是出生在印度、澳洲、美國、法國或新加坡，你一開始的環境並不代表你接下來的人生。你沒有缺少任何一項實現你的夢想所需的力量或特質，即使條件看起來似乎對你不利，但你的內在擁有一切，足以讓你成為你想變成的任何人，或是去做你想做的任何事。

皮特·卡羅
美式足球聯盟「西雅圖海鷹隊」教練

大學球員生涯結束之後，我參加了一個國家美式足球聯盟球隊的選拔，接著是某個世界美式足球聯盟球隊。但是當我最後一次出局時，我真的很震驚。我沒有了方向，因為曾經我所仰望的一切都是關於打美式足球。突然間，我面臨一個問題：現在該怎麼辦？

　　還是冰上曲棍球選手時，彼得·布瓦西受過一次危及生命的傷，之後，他隨即參加了網球的巡迴賽，儘管他沒有職業網球排名，也沒有在任何一場比賽成功過。他身上沒有錢，大部分是靠一罐花生醬和放了兩天的麵包棍維生，麵包還分成一片一片，這樣就可以吃五天。參加網球巡迴賽七年後，彼得被迫退休，他再次發現自己成功的機會似乎很渺茫。

彼得‧布瓦西
網球教練及「彼得‧布瓦西國際公司」創辦人

要成立我們的網球管理公司時，其他還有十六家公司也在做同樣的事。我擁有的金錢、財務後援及網球方面的信譽最少，而且我們的辦公室沒有任何椅子，所以前幾年都是坐在地板上開會。

夢想的實現，並非由外在條件決定──不是取決於你有多少錢、受過多少教育、認識什麼人，甚至有多少經驗，而在於你能否發掘自己內在的能力，以及知道如何運用這些能力克服你在外在世界會遇到的所有阻礙。每一位成功人士都這樣做，你也可以做到。

麥可‧艾克頓‧史密斯
「心智糖果線上遊戲公司」創辦人

我有個朋友叫湯姆，是大學時認識的，我們決定一起創業。我和他沒什麼錢，事實上，我們還有一些念大學的貸款。我們是在報紙上看到一則新的抗偏頭痛藥物實驗的徵人廣告──基本上就是把身體賣給醫療科學──而得到開業的現金。我們參加了，而且各拿到四百英鎊。我母親嚇壞了，我想那是她之所以非常支持我們的原因之一。她給了我們一人一千英鎊，湯姆的父母則讓我們使用他們的閣樓。

十年前，我日子過得還不錯，在電視產業中爬上成功的階梯，但突然間，毀滅性的狀況一件接一件發生，短短幾個月內，我整個人生都瓦解了。我陷入絕望，但就在此時，我發現了一個祕密，而且這個祕密最後還成為一部影片和我的第一本書。即使你的整個人生似乎被燒個精光，新的人生還是會從灰燼中誕生。

馬斯汀・基普
勵志作家及「每日之愛」網站創辦人

我第一次來到好萊塢時，希望成為一名音樂經紀人，但事情並沒有真的如我想要的發展──好萊塢可不是以最充滿愛的環境聞名。我開始濫用藥物和酒精，並且跌到了谷底。一週之內，我的投資人撤資，事業夥伴跟我拆夥，室友限我三天內搬家，腳出現痛風症狀，腰椎間盤突出，交往中的女孩也跟我分手了。我的人生簡直在一週之內瓦解。那開啟了一段十分漫長且痛苦的旅程──我很感謝自己踏上了那段旅程，但絕對不想再經歷一次。那時我覺得自己好像身在一個颶風之中，接著我了解到：如果這是一場神聖的風暴呢？

莉姿‧茉芮
哈佛畢業生、作家及講師

我經歷過一段本來擁有很多事物、突然間什麼有形的東西都沒有了的時期。我的母親過世了，父親感覺疏遠，且住在收容所，我的叔叔——也許是我人生中最大的天使——則突然過世了。最後，我無家可歸。本來擁有的一切忽然間全部不見了，我記得我那時覺得，如果人生會愈變愈糟，或許也會愈變愈好，因為很顯然，人生可以很快就改變。

人生的遭遇可能充滿挑戰，就像莉姿‧茉芮碰到的狀況一樣，但那些遭遇正好給了莉姿一股炙熱的渴望，讓她離開紐約街頭，進入哈佛大學念書。當你發現了那股想要成為某種人或成就某件事的炙熱渴望，你已經找到一股強大的力量，可以戰勝似乎不可能克服的遭遇和限制。

透過實現夢想，你將意識到自己內在的偉大。偉大不是你含著銀湯匙出生時就有的。追隨夢想，且意識到自己內在的英雄，就是偉大。

對你的呼召

　　每個出生在世或即將出生在世的人都帶著某種獨特的天賦或能力而來。你身上的這樣特別事物，正是你的呼召，或說天命、天職。雖然每個人都有，但很多人終其一生並未發現或活出自己的呼召。

　　你的呼召就是可以觸動你的某樣事物，而且沒有其他事情可以像它那樣推動你。你會被那樣事物吸引，它讓你充滿熱情與喜悅，而你在做那件事情時，心就像在燃燒。

　　你獨有的呼召可能是一股想要在商業、運動、你的工作或你的職業當中達到某項成就的炙熱渴望。嗜好可能是找到呼召的線索，因為那是你熱愛且花時間去做的事。許多人的嗜好已經成為遠大的夢想，然後又變成大公司。

麥可・艾克頓・史密斯

從小我就喜歡遊戲。我喜歡玩，覺得這是身為人類很重要的一部分。所以，我的遠大夢想一直是經營遊戲公司、設計遊戲、娛樂眾人。

皮特‧卡羅

即使我從十三歲就在營隊之類的地方當教練，但我從未把它和我會做的某件事聯想在一起。當我回去念研究所，並擔任太平洋大學的教練時，我退一步思考：「嗯，這是我可以做、而且接近打美式足球的一件事。」那是我真正邁向教練生涯的第一步。

你的呼召或許是你做白日夢時想變成的人、想做的事，你認為不可能發生在自己身上，但是當你想到要做那件事、活出那樣的人生時，你充滿了不可思議的快樂和滿足感。而且，無論那個夢想看似多麼不可能，你正被召喚去追隨它。

莉姿‧茉芮

我會一個人睡在紐約市某棟建築物的走廊。我偷餅乾吃，然後把頭靠在書包上睡。書包裡是我擁有的一切——日記、衣服，以及母親的照片（我隨身帶著的）。當我頭靠著書包、睡在走廊裡時，我會夢想一個更美好的人生。而且我心裡有份深刻的感受，覺得我一定要超越這一切，不只為了擁有更好的生活，也為了讓其他人的人生變得更美好。

　　無論是否記得，你都已經接受過好幾次呼召。小時候你很確定自己長大後要成為怎樣的人時，可能就接收到了。但接著，社會或好意的父母及師長透過有限的選項影響我們，告訴我們哪些事可以做、哪些事不能做，我們便因此關閉了自己的呼召和夢想。

彼得・傅優

年紀很小的時候，我就開始做大夢了。早在無線電話出現之前，我就幻想如果手上的電話沒有任何一條線，看起來有多整潔？如果把一張卡片放入加油機就可以加油，不是很棒嗎？如果可以透過太陽讓城市運轉，不是很神奇嗎？我有個願景，就是要打造這個大公司、賺很多錢，並且成為拉丁美洲最棒的經營者。

　　你也許已經在一個看起來很平常的時刻，透過看到、讀到或聽到的某樣事物接收到呼召了。突然間，某樣事物像閃電般擊中你，平凡的一刻成了你人生中決定性的時刻。

G. M. 拉奧

我的數學老師說每個生命都有其目的，而我們應該往實現那個目的的方向努力，因為那會是真正的成就。

> 這點燃了我心中的炙熱渴望，想要尋找自己的天命，
> 並爲了實現它而努力。

萊爾德·漢彌爾頓

> 我父親在我年紀很小的時候就離開我母親，所以我很
> 早就必須當個小大人。那迫使我眞正做了一個有意識
> 的決定：我要成爲重要的人。

在充滿挑戰的人生境遇中，萊爾德·漢彌爾頓心裡出現一
股炙熱的渴望：他要用自己的人生去做某件事。他聽到這個
呼召，回應了它，並且在實現夢想、成爲最優秀的巨浪衝浪
者之一時，鼓舞了全世界數百萬人。

對萊恩·比契莉來說，呼召同樣來自她童年一個充滿挑戰
性的狀況。萊恩只有七歲大時，她母親突然過世了。而在母
親死後，萊恩才知道自己是被領養的——她的生母才十七歲
就因爲約會強暴而懷了萊恩。

萊恩據以立足的基礎就在她腳下崩毀了。然而，正是那個
失去母親的關鍵事件，促使來自澳洲的萊恩·比契莉成爲世
界上最優秀的女性運動員之一。

萊恩・比契莉
七屆世界衝浪冠軍

*老實說，驅使我成為世界冠軍的動力是被領養這件
事。在選擇衝浪之前，我的遠大夢想是成為世界冠
軍，無論是什麼領域。我就是必須成為全世界最棒
的，我覺得有必要向這個世界證明自己。*

保羅・歐法拉

*在我心裡，我對自己這一生想要些什麼從來沒有任何
懷疑。我只是想要擁有自己的事業，任何一種事業都
行。我曾經看著IBM大樓，心想：「我想要一個比那
更大的事業。」*

受過動症和閱讀障礙所苦，保羅・歐法拉無法閱讀或書
寫，然而，看看他這一生做了些什麼：他創辦了金科氏，
一家提供了數千個工作機會、市值幾十億美元的公司。在
我們的二元世界裡，每個不利條件都有其反面，也就是有
利條件──保羅把自己的劣勢轉變成優勢了。

安娜塔西亞・蘇兒有個夢想：逃離共黨統治的羅馬尼亞。
她計畫且等待了將近三年，想要帶著女兒一起離開。這個逃
離的決定牽涉到很大的風險，而當她終於抵達美國時，安娜
塔西亞面臨另一個重大決定：她得一天工作十四個小時才能

賺到足夠的錢養家，而且除非她去做某件不一樣的事，否則這就會是她此生的命運了。

安娜塔西亞・蘇兒

我必須去做某件事，必須證明並找出我是什麼樣的人、我的價值是什麼。我不會說這不可怕，因為真的滿讓人害怕的，但我心想：「這就是我來這個國家的原因。這是塊充滿機會的土地，我必須做這件事，不然我為什麼要來這裡？難道是為了過得比在羅馬尼亞還糟嗎？才不是！」

生活在羅馬尼亞非常困苦的環境裡，安娜塔西亞被灌輸了一種特別堅強的性格和決心，帶領她克服每個阻礙，實現擁有自己的事業的夢想。那個事業成長為一個帝國，在美國有超過一千家店，國際上則有超過六百家，而且在全球許多國家都有沙龍。

沒有任何一個人生境遇是百分之百負面的。每個負面狀況都包含其反面，所以，在每個看似糟糕的狀況中，都隱藏了某件好事。人生不是關於那些發生在你身上的負面狀況，而是關於你如何處理隱藏其中的黃金機會！

除非有很多種方法讓你實現夢想，否則你是不會被召喚去
追隨自身夢想的；如果你無法至少實現那個夢想的核心，你
根本不可能擁有夢想。你的夢想正在召喚你走向一個你可以
擁有的、最美好的人生，正在召喚你去尋找你內在的英雄。

馬斯汀・基普

*我在一個風景如畫的環境中長大。我的父母很棒，而
且做了許多事來保護我，讓我免於承受這世界的苦。
當我開始走出去、看見別人的痛苦，並了解到自己可
以針對這一點做些什麼時，我很清楚，我這輩子真的
沒有其他事可以做了。因此，我的夢想一直是把流行
文化與啟發人心的事物、與智慧結合在一起，這樣我
們就可以盡可能接觸到最多的人。*

如果你聽到呼召，卻因為太害怕，或是不相信自己可以
做到，而沒有回應，有時種種狀況會迫使你去追隨自己的
夢想，就像發生在我身上的事情一樣。

我在一個電視網擔任製作人，曾經夢想可以創辦自己的電
視製作公司。不過，我沒有真的去做，因為我有家要養、我
的薪水很不錯，而且我們需要錢吃飯，和維持一個遮風避雨
的地方。儘管很多人勸我成立自己的公司，我還是全力抓住
我的工作帶來的安全感。

　　接著，我被炒魷魚了。我很震驚。我們要怎麼解決三餐？我們要怎麼支付女兒的教育費用？我們要怎麼付房貸？

　　我可以選擇到另一個電視網找份工作，但一想到要回去做過去一直在做的事，我就無法忍受。我了解到，既然都被炒魷魚了，我也沒什麼好損失了。於是，我開始在我們那棟非常簡陋的房子的裡屋、在一張塑膠桌子和椅子上構思電視節目。我想到一個點子，並且寫了一個電視節目的企畫案，即使我不知道如何寫案子。不過，我對這個點子有信心。於是，帶著狂跳的心和顫抖的雙腳，我在其中一個電視網的高層面前介紹了這個想法。結果，他們當場就委託我製作這個節目，而且播出時大獲成功，成為長期播出的系列節目。

　　透過被炒魷魚這件事，我得到完美的狀況，讓我終於可以回應我的呼召，實現我的夢想。我到現在都很感謝那個電視網解雇了我，沒有他們的話，我就會拒絕要我去追尋夢想的召喚，並錯失了經歷我這一生最令人興奮與滿足的旅程的機會。

REFUSAL OF THE CALL

拒絕呼召

萊爾德·漢彌爾頓

不去追求夢想所冒的風險就像走到了終點，就這樣結束了。那是一個沒有滿足感的人生、沒有成就感的人生、沒有喜悅的人生，是一場苦難。

當你拒絕生命要你去追隨自身夢想的呼召時，你所冒的風險就是過著一個不滿足、不快樂的人生。無論你從事什麼工作，無論你一路上獲得什麼樣的物質事物，假如你做的事無法讓自己的心歡唱，當你走到人生盡頭時，你會感受到一股排山倒海而來的不滿足與後悔之情。不要讓這樣的狀況成為你的人生故事。無論你現在多年輕或多老，你都有一個更棒的人生要過！追隨夢想看似冒著很大的風險，但錯失自己的人生，何嘗不是一個最大的風險？

麥可・艾克頓・史密斯

從不給自己的夢想一個機會，是最大的失敗。

G. M. 拉奧

當你沒有追隨自己的夢想或熱情時，你所努力的一切將會看似牢籠，就算它是黃金做的也一樣。沒有靈魂的身體！你會覺得沮喪、無精打采，而且完全缺乏生存的目標。

回應呼召並決定追隨自己的夢想，其實很容易，拒絕呼召反而困難，因為你冒著變得悲慘的風險，並且注定讓自己過著沒有喜悅、沒有熱情、沒有意義或目標的人生。

也許你一開始很喜歡你目前的工作，但隨著時間過去，你的工作對你而言已經成了一份苦差事。這也許代表你目前的工作並非你最終的呼召，你必須深入探究，並問問自己，你是否把夢想丟在路上的某個地方了。

萊恩・比契莉

如果你做的任何事都無法讓你的心歡唱、無法讓你每天早上起床都滿懷熱情，那麼你並沒有扮演好你在這個地球上身為一個人的角色。

麥可・艾克頓・史密斯

人生很短暫。它不是一場彩排，而是要完全主導，盡可能經歷許多事、接觸許多人。人生絕對不是坐在沙發上看電視，然後抱怨事情本來應該如何如何。

莉姿・茉芮

我們在聖誕節隔天埋葬了我母親，那時我十六歲。我們沒有錢舉辦真正的葬禮，便把她放在一個松木箱子裡，釘上蓋子，然後他們在箱子上寫了「頭」和「腳」。這真是最糟糕的事。我們的生活很混亂、問題很多，但我們彼此非常相愛。我母親會坐在我的床尾，跟我分享她的夢想：要保持清醒、要有一棟房子、要有一個更美好的人生。講完之後，她說她會找時間去做，但不是現在，她以後會做、以後會做。而某一刻我了解到，我也在過著一直告訴自己「我以後會做」的人生。

你可能會想：「我有時間追隨自己的夢想。」你沒有時間，人生很短暫。人類目前的平均壽命是兩萬四千八百六十九天，有些人會活得久一點，有些人則短一點，但無論你是哪一種，你只有一些很寶貴的時間可以度過此生。因此，你沒有時間拖延自己的夢想，不是現在，就永遠沒機會

了。如果現在不做，你就會一直拖下去，永遠不會去做。就
是現在！

「『將來有一天』是一種病，會讓你將夢想帶入墳
　墓裡。」

提摩西・費里斯

《一週工作4小時，晉身新富族！》作者

　　光是知道沒有人會替你實現夢想，就算前進了一大步。你
的老闆、朋友、伴侶、家人及孩子無法為你過你的人生，你
有責任創造一個讓自己覺得快樂且滿足的人生。這件事沒有
人可以為你做。

麥可・艾克頓・史密斯

人們必須做的最重要的事情，是為自己的行動負責。
將事情歸咎於你的成長環境、歸咎於沒有錢或沒有這
個那個非常容易，但如果你停下來說：「你知道嗎？
除了我自己，最終沒有人可以為我的人生負責。」這
是真正重要的一步，讓你了解你必須有所改變。你必
須改變心態、必須換掉那份工作，你必須改變一切，
好讓事情發生。

莉姿‧茉芮

還是孩子時，我們對大人失落的某樣東西很熟悉。任何事物不但都是新鮮的、令人興奮的，而且也真的有可能成真。然後，某件事情發生了，我們失敗了、被拒絕了、失望了。於是，我們讓自己的那個部分萎縮，整個人變得太過嚴肅。但如果你每天早上醒來就說：「假如我設法去爭取我想要的東西會如何？我的夢想是什麼？」你按掉鬧鐘，雙腳踏在地板上，然後就全力去做——為了讓那個魔法重回你的人生……為了可能性而活。

你也許害怕去追求自己想要的事物，因為你認為可能會失敗。但你要記住，除非你擁有完成那個夢想、讓它成真的必要條件，否則你絕對不會接收到要你去追隨某個夢想的呼召。

萊爾德‧漢彌爾頓

對失敗的恐懼會阻止人們做許多事。我母親過去經常說，每個人都是自己最大的防礙者——我們會阻止自己。

我們阻止自己的另一個方式，是認為沒有好的點子或機會留給我們，並以之作為自己的生命無法盡情發揮的藉口。如

果你覺得沒有好的機會，看看保羅・歐法拉多麼容易就找到
一個黃金般的機會。

　　在排隊等待使用圖書館的影印機時，保羅・歐法拉觀察到
一件沒有人發現的事。他心想：「如果這裡有人在排隊，其
他地方一定也有。」於是，金科氏公司的構想就從那個簡單
的觀察結論中誕生了。

保羅・歐法拉

*如果我有任何好的特質，那就是我知道如何處在當
下。不處在當下，你就看不到機會。*

麥可・艾克頓・史密斯

*許多人看到成功人士只會聳聳肩說：「哦，他們一直
很幸運。」但你可以創造自己的運氣，而當那些機會
來臨時，你已經準備好要迎接它們了。*

安娜塔西亞・蘇兒

*機會每天都出現在每個人面前。這就像火車站一樣：
每個人都在車站裡，火車就停在面前，他們卻把眼睛
閉上。他們沒有睜開眼睛去看，然後搭上火車。機會
到處都是。*

G. M. 拉奧

你不必擁有偉大的夢想才能做大事，只要對人生中的機會保持開放的態度就可以了。

「人們會試圖告訴你所有的機會都被搶光了，但事實上，這個世界每秒都在改變，往四面八方傳送新的機會，包含你的。」

肯‧哈庫塔（又名「法德博士」）

美國發明家

安全感的假象

　　不要讓金錢和安全感支配你在人生中所做的選擇。人生不停在改變：公司會易主、破產或搬遷到海外，工作會丟掉，或是經濟崩盤會導致大規模裁員；你可能會失去工作、存款和房子；婚姻可能會結束，健康可能出問題，而讓你失去你原以為自己有的安全保障的狀況可能會發生。我選擇財務安全，而不是追隨自己的夢想，但是當我被開除時，我很清楚地了解到，我一直以為的安全保障只存在我的腦海裡。真正的安全意味著知道**沒有**安全、**沒有**保障，因為這樣你才會確保自己盡全力度過每一天。

馬斯汀・基普

家人和朋友都很愛你，希望給你最好的東西，但除非你有個了不起的母親或父親，或是在很酷的環境中長大，否則一般來說，他們會希望你選擇一條有確定性及安全性、確保經濟無虞的路。

麥可・艾克頓・史密斯

離開安全保障和一份薪水還不錯的工作，短期來說可能很痛苦，但你還有好幾十年的人生要過。為了找到自己喜愛的事物（即使薪水少一點），你或許也要忍

受些許短期痛苦，因為如果你從事的是自己喜愛的工
作，最後你在其他許多方面也會成功。

G. M. 拉奧

不要讓金錢使你在你想做的事情上妥協，你擅長的事
一定會為你帶來你需要的那個成功與安全感。也許起
步很小，但是當你在所做的事情上臻於完美時，其他
的一切將會水到渠成。

每個人都可能被安全感困住。許多人賺了很多錢，但工作
對他們而言卻是令人厭倦的苦差事，他們就和那些賺很少錢
的人一樣不滿足、不快樂。

萊爾德．漢彌爾頓

金錢對你而言代表什麼？如果金錢是你的目標，那
麼它將會擺布你──它會支配你的活動、會控制你。

物質事物很美好，體驗它們是活在地球上的一大樂事，但
透過社會的制約，我們會被誤導，認為累積物質事物是我們
來到這世上的目的。如果物質事物是我們人生的目標，它們
就會提供真正的快樂、成就感及滿足感，然後我們永遠不必
去買另一樣東西。而且，得到那些事物時感受到的快樂應該
不會稍縱即逝，而是會一直持續下去。

如果累積物質事物是我們活在世上的目的，那麼當我們
離開這世界時，應該可以把它們帶走——你早上走出去拿
報紙，就會看到對街那個叫喬的老先生的房子消失不見了，
因爲他死後把房子帶走了。我們無法帶走物質事物，因爲那
些東西不等於我們；雖然它們是活在這地球上的樂趣之一，
卻不是我們人生的目標。

萊恩・比契莉

那很難、充滿挑戰性，而且我犧牲了很多，但那些犧
牲是出於我自己的選擇，因爲對我而言，追隨我那個
成爲世界冠軍的夢想，遠比賺錢重要。

我們都需要有得吃、有得住、有得穿，但是只追求物質事
物會剝奪我們活出眞正圓滿人生的自由。不要本末倒置，讓
安全感和追求物質事物這件事成爲你人生的目標，而不是去
追隨你的夢想。出乎意料的是，當你選擇追隨夢想，而不是
追求安全感時，你反而會擁有全部——物質上的富足，以及
一個豐盛而圓滿的人生。

除此之外，你還會獲得金錢永遠買不到的某樣東西——你
將擁有最大的成就感和滿足感。當然，你總是想要做更多，
並持續打造自己的夢想，但是當你體驗到踏上英雄之旅帶來

的絕對滿足感，你將不會懷疑那就是你注定要做的事。而你的內在經由實現你的目標所得到的一切，就是你離開這世界時真正會帶走的東西。

　　不要到了人生的盡頭才為了那些你沒有去做的事而後悔。你的人生很珍貴，如果你出賣自己，就找不到你渴求的快樂，因為真正的快樂來自實現夢想。想像一下，當你走到人生的盡頭時，覺得沒有任何遺憾，會是什麼樣子；想像你在回想自己做過的每一件事，並且充滿最大的滿足感。

 ## 莉姿·茉芮

你知道有句話說「在你的樂曲被唱出來之前不要死」嗎？晚上把頭靠在枕頭上時，人們都有自己夢想的事物。如果不把那個聲音實踐出來，它哪裡也不會去。那是存在你之內的一股能量，你無法否認那股能量；那是你身而為人的一部分。所以，如果你晚上把頭靠在枕頭上時，聽見自己被召喚去做某件事，但你卻忽視它，那麼，那個夢想就依然被鎖在你之內。對我而言，那是最糟糕的事……在你的樂曲被唱出來之前就死去。

我有個朋友在電視公司的管理部門工作多年,而因為她服務的公司內部有變動,她被迫離開自己的工作。她知道她最想做的事,是成為電影導演,而且也開始為了實現這個夢想做計畫。但就在她抓住機會、將自己規畫的電影導演新人生付諸行動之前,她原來服務的電視公司管理部門提供了一份薪水優渥的工作,希望她回去。她接下了那份工作,而她的夢想,以及過著全新人生的可能性,就這樣消失了。

麥可‧艾克頓‧史密斯

我不想要到了人生的盡頭、坐在安養院裡回顧過往時,希望自己的人生可以全部重新來過。

安娜塔西亞‧蘇兒

你有什麼好損失的?你必須去嘗試,否則你將過著一個你不知道自己其實有能力做到的人生。那很痛苦……對我來說,那真的很痛苦。

保羅‧歐法拉

我總是告訴學生們要走出大學校門去創業。你能碰到什麼最糟糕的狀況?你可以去和父母住在一起啊。這跟經驗無關——儘管去冒險,展開你的事業吧。

馬斯汀・基普

大多數人都不會放手一搏，因為他們沒有經歷夠多的痛苦。一旦受夠了，他們通常就會採取行動；一旦覺得十分厭煩、厭倦，他們就會說：「我再也無法忍受了。」

保羅・歐法拉

即使被一份你不喜歡的工作或職業困住，你也已經獲得一個有史以來最好的機會，讓你最終可以去做真正能滿足你的事。

　　不要等到再也無法忍受才改變，現在就改變自己的人生！除了真正的快樂與滿足感之外，其他東西對你而言都不夠好，所以不要勉強接受任何不足的事物。即使你認為安全感的觸角已經將你緊緊纏住，而且你因為自己的義務而動彈不得，也永遠不會太遲——總是有無限多種方式可以追隨你的夢想，而且遠比你想像的還要容易。

FINDING YOUR DREAM

找到你的夢想

彼得・傅優

人類絕對會有的挫折是：我的人生要做些什麼？

萊恩・比契莉

你想要的是什麼？把你的手放在心上，然後問問自己：「我想要的是什麼？」最先浮現在腦海中的總是正確答案。

　　試著放掉那些你對自己的看法、信念和結論，因為就是它們讓你看不見你的夢想。不要拿你自己和別人比，因為你的內在擁有這個地球上其他任何人都沒有的潛力。放掉你認為某些事情對自己而言才有可能那些限制性想法，打開你的心迎接所有的可能性。如果你可以放下你在人生當中累積的所

有重擔，每天早上起床時都覺得自己是一塊白板、是全新的
一個人，那麼，每個不可思議的機會都將自由地湧入你的人
生之中！

萊恩‧比契莉

人們會往自己以外的地方看，然而一旦你往自己的內
心看就會知道。

約翰‧保羅‧德喬利亞

我們並不總是知道自己想要什麼，但我們確實知道自
己不想要的。不要再去做、再去思考那些你不想要的
事，繼續往前走。就好像搭火車時若覺得不愉快就下
車，如果不離開那列車，你絕對無法經歷其他任何事
物。然後，你就讓自己對其他事物保持開放。

馬斯汀‧基普

看看那些你覺得非常快樂、覺得時光飛逝、覺得被照
亮、覺得備受啟發的時刻，想一想：「我最受鼓舞的
地方是哪裡？我真正快樂的地方在哪裡？」即使你的
人生中只有一些那樣的時刻，它們卻都是讓你知道你
的夢想是什麼的途徑。

G. M. 拉奧

有些人會在開始思考自己的未來時，偶然發現他們偉大的夢想。

　　如果可以做任何事，你會做什麼？如果一點都不需要考慮金錢，你會做什麼？如果保證可以成功，你會做什麼？當你問任何問題，或是提出關於你的目標的問題時，宇宙會把答案傳送給你。答案不是從你的意識而來，否則你早就已經知道了。答案是來自「宇宙心智」。

萊恩・比契莉

大部分人都在不知道自己的夢想或目標是什麼的情況下度過此生，因為我們從來沒有花時間問問自己。花時間確認自己喜愛什麼樣的事物是很重要的，如果不這樣做，你只是一艘沒有舵的船。

　　問問題前，先讓自己放鬆，處於平靜的心智狀態。接下來只要問一個問題，例如：「我這一生的目標是什麼？」或「我注定要做些什麼？」或「我出現在這裡的原因是什麼？」不要試圖用你的心智回答問題，而是讓這個問題懸在那裡，安靜一會兒，留意來到你面前的任何事物，接著特別注意你在這一天當中被鼓舞去做的事。

答案會在一瞬間進入你心中，很有可能是你全然專注在其他某件事情的時候。得到這個答案時不要懷疑，而是要去思考你可以如何踏出一小步，以前往這個目標。

萊爾德 · 漢彌爾頓

這是關於傾聽自己、走入內在，以及保持平靜。到森林或海邊，去一個你可以聽見內在聲音的地方。你自己的潛意識會告訴你。你內在就有那個聲音，而且它一直在那裡，只不過你把它放在內心深處某個地方了。

約翰 · 保羅 · 德喬利亞

最終，如果你對宇宙敞開自己，它就會來到你面前。

一位叫莎拉·布萊克莉的女士知道自己想要擁有一份數百萬美元的事業，她只知道這樣。於是，她「要求」一個價值數百萬美元的點子。有一天，莎拉在穿衣服時遇到問題，這讓她想到一個跟一種新的女性內衣有關的絕妙點子，而那個點子變成了Spanx——一家販賣塑身內衣的全球性公司，目前市值數十億美元。

彼得・布瓦西

另一個方式是，往真正的企業家會去的方向走，也就是問：「在這個特定的時刻，這個世界需要什麼、想要什麼？」

馬斯汀・基普

「我如何解決人們的某個問題或爭議？」問這個問題，並弄清楚那是否跟你熱愛的事物一致，是通往成功的關鍵。那是靈性上、情緒上，以及財務上的「甜蜜點」，只要擊中這裡，不費吹灰之力就可以成功。

保羅・歐法拉

金科氏公司誕生於某個問題。如果你已經停止問問題了，就再次開始提問。

就像創辦金科氏的保羅・歐法拉和創辦Spanx的莎拉・布萊克莉一樣，企業家會問問題。這是他們在完美的時刻獲得完美點子的方法，而那個點子也正是這個世界所需要的。藉由簡單地提出一個問題，他們得到一個想法，而從那個想法，他們創造了非常成功的公司。

任何時候，只要你需要問問題，需要有人提供你所需的資訊，或是提供想法、解決方案或做決定的方式，宇宙心智都

會把答案傳送給你，而且瞬間就出現在你心裡。請善用自己
的能力，去汲取這不可思議的資源！

彼得・布瓦西

找到方向的其中一個方式是：拿出兩張紙，在其中一
張寫下你擅長的事，另一張則寫下你希望可以用自己
的人生去做的事，然後看看你能否把這兩張紙上面寫
的事情配在一起。

馬斯汀・基普

找到那些曾經踏上那段旅程的人，或是去問那些剛
從那條你也想走的路回來的人，問問他們：「你是
怎麼做到的？」把自己放在一個有人正在做你想要
做的事情的環境當中，消化大量的啟發性資訊，無
論那是書、DVD或CD，因為當你這樣做時，你就是
在用這個世界上最優秀的人的想法思考。

萊恩・比契莉

你必須很清楚，清晰才能給你力量。花時間弄清楚你
想要些什麼，然後，你會開始朝那個目標踏出一步。
但假如你不知道自己想要什麼，你就會允許人生對你
發號施令。我從不允許人生對我發號施令。

約翰・保羅・德喬利亞

如果你正夢想著某件事，卻什麼事都沒發生，就把你想要實現的事情寫下來，並且讓它在你每天早上醒來時就出現在你面前。無論如何，假如你專注其上，心智就會將你引導至那個方向。不管心智所能想像和相信的是什麼，它都會實現。你愈是把某件事放在心中，就愈可能發生。

皮特・卡羅

這並不複雜。對我來說，那很顯然是有意識地決定自己想要實現什麼事，或是成為什麼樣的人。這樣的願景可以啟動宇宙中那些幫助我們創造自己想要的事物的力量，無論那些力量是什麼。

即使還不知道自己的夢想是什麼，有一件事情你現在就可以做，而且能加速夢想實現：盡力做好你目前正在做的事。就算你知道自己最終希望從事一份和你現在做的事情不一樣的工作，也要把所有的注意力放在目前的工作上，全力以赴。如此一來，你將擁有遠超過目前的工作所需的能力，而且有一天，門會打開，將你帶往完全符合你夢想的工作！

萊爾德・漢彌爾頓

我母親灌輸給我的一個價值觀是，當你做某件事情時，無論那是什麼，都要盡自己最大的能力去做。如果你是個清道夫，就盡你所能地把街道打掃乾淨。

約翰・保羅・德喬利亞

成功對我來說，不是你擁有多少錢，而是你可以把自己正在做的事做到多好。無論你是個警衛、生意人或飛行員，你的成功是由你所做的事和你把那件事做到多好決定的。

偉大的夢想
和渺小的夢想

安娜塔西亞‧蘇兒

渺小的夢想沒什麼不對。偉大的夢想是給那些有自覺、願意用自己生命中的一切去冒險的人。有渺小的夢想，有偉大的夢想，還有瘋狂的夢想，這需要某種人格特質才能如此瘋狂。

麥可‧艾克頓‧史密斯

大部分人一生當中都沒有偉大的夢想。他們沒有自信，認為所有令人興奮的事都是其他人做到的。但是，擁有偉大的夢想很重要，而且這的確會讓生命變得令人興奮。如果你沒有偉大的夢想，偉大的夢想就無法實現。

安娜塔西亞‧蘇兒

人們必須了解，為了有所得，他們想要付出多少。人生中的一切就像一個銀行戶頭，放進去什麼，就會提取出什麼。你不能放得很少，卻期待得到很多，這種事情是不會發生的。

　　有些人可能從一個很大的夢想開始，有些人則或許先從一個小小的夢想開始，之後那個夢想變得比他們所能想像的大得多。生命似乎會召喚我們前往某個夢想，那個夢想的大小是我們當下能夠掌握的。

G. M. 拉奧

渺小的夢想就像拼圖的那些小片，將會發展成更大的夢想。一開始，連做夢都有困難，但重要的是要知道，聖雄甘地從來不是從任何偉大的夢想開始的。他只是持續突破他想要使之發生的事情的極限，然後，賓果！最偉大的事情就發生了。

　　當你找到你的夢想並讓它成真時，你人生中那些比較小的夢想也會實現。二十多歲時，我其中一個夢想是住在另一個國家。我想要經歷住在一個不熟悉的國家帶來的冒險與挑戰，並且去體驗和我所知的那個文化有所不同的文化帶來的興奮與刺激。當我製作《祕密》影片的夢想實現時，我的工作需要我從澳洲搬到美國，於是，一個我本來擱置一旁的夢想就在我實現大夢的同時成真了。夢想是彼此相連的，一旦有一個成真，其他的也會隨之實現。

　　無論你是已經找到了自己的夢想，或者你不知道自己的夢想是什麼，這裡有個非常簡單的建議，如果你照著做，肯定會帶領你前往你的夢想。

FOLLOW YOUR BLISS

追隨你的喜樂

約瑟夫‧坎伯是世界上最受人尊敬的神話學家之一，透過他富有見解的教導，他給了我們的人生一個簡單卻深刻的訊息：

「追隨你的喜樂！」

這幾個字是你人生的羅盤，時時刻刻告訴你要往哪個方向前進。喜樂是你在做某件你十分喜愛的事情時會有的感覺，它是一條與你的夢想連結的線。所以，當你追隨你的喜樂時，也找到了自己的夢想，並實現了你來到這裡的理由。

尼克‧伍德曼知道自己想成為一個創業家，但不知道要從事哪個行業。當他追隨自己的喜樂、跟朋友一起去澳洲及印尼衝浪時，尼克一直在想，如果有一種攝影機可以捕捉到他

和朋友衝浪的動作，會有多棒。那個小小的念頭成了GoPro
攝影機的「種子」，也讓尼克成為世界上最年輕的億萬企
業家之一。

喜樂通往喜樂

　　處於喜樂之中、做著你所愛的事情時，你會散發出一種無
可抵擋的強烈特質，而那種強烈的特質會為你吸引來更多喜
樂。即使你可能還看不到自己的夢想，但是當你身處喜樂之
中時，你就是走在那條可以帶你找到夢想的路上。

萊恩・比契莉

每天都選擇去做某件讓你感覺美好的事。有多少人這
樣做？有多少人認出那些讓他們感覺美好的事，而且
願意每天為自己撥出時間去做？

　　當你決定每天去做某件能讓你真正感覺美好的事情時，你
就是在追隨自己的喜樂。那件事可以很簡單，例如坐在公園
或花園裡，把腳抬起來放鬆，或者買一杯你最喜歡的咖啡，
不要邊跑邊喝，而是坐下來喘口氣，然後就這樣看著來來往
往的人們。無論那件事看起來多麼不重要或微不足道，請確
定自己每天都會去做一件你認為是喜樂的事。不知不覺中，
你會從其他你可以做的喜樂之事得到啓發，而光是做那件

事，你就會很快抓住一條線，讓它帶你前往你的夢想，以及一個更美好的人生。

彼得·傅優

這是老生常談，但我相信盡全力去過自己的人生真的很重要。

麥可·艾克頓·史密斯

除了家人和我們的人際關係，我們從事的工作也是人生很重要的一部分。這無疑是你醒著的時候花最多時間的地方，所以它應該是一件令人快樂的事，一件你熱愛且在意的事。

約翰·保羅·德喬利亞

我喜愛我所做的事，否則我就不會去做了。

G. M. 拉奧

金錢和安全感對每個人來說都很重要，但是，你對你做的某件事的滿足感和熱情更重要。這就是為什麼做夢很重要。

　　如果你有全職工作，一年或許會花兩百五十天在工作上。兩百五十天已經超過一年的三分之二，所以，如果你沒有從事可以讓你的心燃燒、讓你充滿熱情和興奮感的工作，就是在浪費人生中許多寶貴的日子。

> 「你的工作會占掉你人生的大部分，唯一可以讓自
> 己真正感到滿足的方法，就是去做你認為很棒的
> 工作；而想要做很棒的工作，唯一的方法就是愛
> 你所做的事。如果你還沒找到這樣的事，就繼續
> 找，不要安於現狀。」

史帝夫・賈伯斯
蘋果公司共同創辦人

　　如果你是在家帶小孩，請確保你人生中的這段寶貴時間包含了某件你喜愛的事，且盡可能常常做這件事。我在家帶小孩時，需要一個創作的出口，所以我全心投入烹飪。我去上烹飪課、買書，並且不斷練習，直到精通我找得到的每一種烹飪方法為止。烹飪變成了我的喜樂。當我回到電視圈工作時，我做的第一個電視節目就是烹飪節目，且因為我之前學

到的東西，這個節目非常成功。而因為這樣的成功，我的電視製作事業開始飛黃騰達。

約翰‧保羅‧德喬利亞
當你充滿熱情且喜愛你正在做的事，當你想要做，而不是必須做某件事情時，你總是會做得更好，因為你是帶著愛去做。

　　許多人因為某種原因，在工作和喜樂中二選一，並不喜歡自己每天所做的事。然而，人生不必是這個樣子。事實上，有人可以既充滿喜樂，又在工作中實現自己的夢想，這讓你明白你也做得到。你不必知道自己夢想中的工作是什麼，因為你的喜樂與其連結。所以，你要做的就是追隨自己的喜樂，然後你的喜樂就會帶你找到你夢想中的工作！

G. M. 拉奧
我不會為了必須工作而工作，我是因為喜愛這份工作而去做。對我來說，工作就是一種崇敬儀式，因為它有一種目標感，而且不只為我、也為我身邊的人帶來快樂和滿足。

莉姿・茉芮

我不認爲我有說過:「我正要去工作。」

　　你能想像自己從事什麼樣的工作會讓你從不說「我正要去工作」?你的工作應該包含你的熱情或特別的天賦,而且是那種不管有沒有酬勞你都想要做的事。

莉姿・茉芮

我必須在我做的事情裡找到樂趣。如果我沒有找到某種樂趣,如果那件事給我的感覺不是很強烈,如果它感覺起來不像魔法,我就是沒辦法持續下去。我追求的事物給我的感覺一定要像是小時候的聖誕節早上,我迫不及待跳下床那樣。假如我開始擔心某件事,或者想要它結束,就是事情需要改變的徵兆。

麥可・艾克頓・史密斯

在心智糖果線上遊戲公司,我們喜歡和那些不是太嚴肅、可以在工作中找到樂趣的人共事。這不是什麼攸關生死的事,即使有些人會這樣想。我認爲你在工作中找到樂趣時,你會享受人生,並擁有一個比較輕鬆愉快的心情。

「我並非一開始就是有錢人。人生中的樂趣和挑戰在於我想要的事物——而且依然如此……不過我也發現，如果我玩得很開心，錢自然會來。」

理查・布蘭森

企業家及商業鉅子

忠於自己

當你的工作就是你的喜樂時，你就會很快樂。做你認為自己應該做的工作，而不是你喜愛的工作，會導致一個錯誤的人生。許多很棒的人過的人生是好心好意的父母、師長、社會，甚至是朋友或伴侶加諸他們身上的，而他們過得很悲慘、痛苦。透過全世界心理健康問題的驚人成長，我們看到了人們這種慘劇的證明。不要理會其他人的想法，有勇氣追隨自己的喜樂，你就會非常快樂。

約翰・保羅・德喬利亞

一個人想做的事有很多也許不是很普通，或者讓其他人贊同，但如果它使你很快樂，天啊，就去做吧。忠於自己是非常值得的。

麥可‧艾克頓‧史密斯

我離開大學，在銀行找到一份切合實際的工作，但我很快就了解到，這不適合我。這份工作並未和我的靈魂對話，而我也領悟到，我真的無法受人雇用。

G. M. 拉奧

追求夢想時，會有來自不同方向的好幾股拉力——從利害關係人、家人、朋友及社會而來。我就碰過許多這樣的狀況。例如，當與我合夥經營家族事業的兄弟們有不同的志向時，我會退夥，去追求自己的夢想。

　　G. M. 拉奧有勇氣追隨自己的夢想，看看他所做的事：他建造機場、高速公路及醫院，並在印度進行城市開發。就因為他決定追隨自己的喜樂，他讓自己的國家變得更好，並改善了數億人的生活。

　　做自己喜愛的事，並和大多數人唱反調，通常需要勇氣。請抵抗試圖討好每一個人的那股誘惑，忠於自己。反正，取悅他人不是你的工作，他們必須取悅自己，並找到自己的快樂。這是你的人生，你一定要追隨自己的心。你身上有某樣特別的東西，一種你獨有的天賦或技能，而你必須對自己的人生負責，將那樣東西展現出來。

「找一份你喜愛的工作。如果你繼續做那些你不喜歡的工作，以為這會讓你的履歷看起來漂亮一點，我會覺得你瘋了。這樣做不就有點像等到老了再做愛一樣嗎？」

華倫‧巴菲特

商業鉅子及投資者

安娜塔西亞‧蘇兒

深入探究自己的人生。如果現在的處境讓你很快樂，那很好；假如你不快樂，就應該開始分析：「好吧，什麼事情會讓我覺得很開心？我現在有一份工作，但我不快樂。」嗯，換工作吧。

如果你已經決定要改變，但不知道該怎麼做，你可以踏出的第一步，也是最大的一步，就是開始追隨自己的喜樂。

安娜塔西亞‧蘇兒

你是個會計師，但你完全不快樂。嗯，也許你喜歡烹
飪，那就去成爲一名廚師吧。不要馬上辭掉工作，因
爲你必須付帳單，但請試著擬定計畫。「好，我要兼
職做這個。」你必須有所規畫。我所賺的每一分錢，
都希望確保用來追隨我的夢想。如果你沒有那份金錢
方面的支援，無法付帳單的壓力將會擊垮你的夢想。

安娜塔西亞有個家庭要養，所以在放手一搏之前，她花了
兩年計畫自己的事業。現在她擁有一家全球性的公司，並且
過著夢想中的生活。如果安娜塔西亞沒有努力計畫，並追隨
自己的喜樂，她可能還是在別人的美容沙龍裡一天工作十四
個小時。

想要追隨自己的喜樂，有很多事情你現在就可以開始做。
去上一些跟你喜愛的事情有關的免費課程；去買書和雜誌，
看看那些正在做你想做的事情的人的故事；找出你可以做
什麼樣的工作，好讓自己身處那個領域；運用網路和社群
媒體、寫部落格，以及做一些研究。這個世界就在你的掌
握之中，你也擁有比過去更多的機會，可以去連結、去探
索。盡可能把注意力放在你喜歡做的事情上吧。

萊爾德‧漢彌爾頓

你要如何從你正在做的事轉換到一個可以做你喜愛之事的地方？做其他的事來資助你喜歡做的事，好讓你有足夠的支援去做自己喜愛的事。突然間，你就會藉由做你喜愛的事來支撐自己的生活，而那樣的轉變會比你所想的更快發生。

馬斯汀‧基普

如果你有其他的責任，你可以慢慢開始建立一份副業，然後最終你會放手一搏。

「追隨你的喜樂，宇宙就會在原本只有牆的地方為你打開門。」

約瑟夫‧坎伯

神話學家

　　你現在就可以開始追隨自己的喜樂，因為在你的人生中，一定有某件事是你一直很想做但還沒去做的。你有過衝動想要學習國標舞或饒舌歌、衝浪或泛舟嗎？有過衝動想要去學表演、繪畫、園藝，或是學習設計衣服或室內設計嗎？或

者，你有過強烈的欲望想要學某項樂器，因為當你聽到其彈奏，馬上就進入喜樂的狀態？

你是否覺得受某個國家吸引，而且當你聽到有人說該國語言時，心裡會很激動？是否有某件事是你小時候很喜歡做，長大後卻因為要維持生計，便將它擱置一邊？你一直以來很想做的事情是什麼？

大多數人要不是從來沒有找時間去將這些衝動付諸行動，不然就是認為這些事情不重要，跟他們想要的那些更大的事物沒有關係，而將它們放在一旁。然而，讓你特別想做某件事的那股衝動，其實是宇宙在召喚你去追隨自己的喜樂，而那件特別的事一定和通往你夢想的路有所連結。從你在地球的視角看不到其中的關連，但宇宙可以清楚看見，那條路將帶領你通往自己的夢想。

可以推動你的事

　　你會被什麼吸引？什麼事情可以推動你？你總是渴望去做什麼事？追隨這股衝動、追隨你的喜樂，因爲雖然你也許不認爲這和你的夢想有關，但事實上，這正是可以把你帶到那裡的線——如同發生在我女兒身上的事情一樣。

　　從學習閱讀的那一刻起，我的女兒就說她長大後要成爲一名作家。除了寫作之外，她最喜歡兩件事：待在大自然中，還有騎馬。從小時候到長大成人，她一直維持對這三者的熱愛，但是當她搬到美國時，她必須把自己的馬留在澳洲。

　　因爲搬家，她成爲作家的畢生夢想稍稍淡出，另一個夢想占據了她——遇見完美伴侶，並共組家庭。她做了一張清單，列出她希望自己的完美伴侶具備的所有特質。但幾個月過去了，那個人還是沒有出現。

　　接著，她做了一個決定：只管去追隨自己的喜樂。因此，她開始上馬術課程，也再次開始寫作，並買了一間被大自然圍繞的小房子。她的小房子需要大幅整修，但她很快樂地住在裡面，因爲她可以身處大自然的懷抱。

以下就是我的女兒追隨自己的喜樂時所發生的事：她在馬術課程中得到一匹新的馬，當她騎上那匹馬時，發現彼此合而為一。她找到了夢寐以求的馬，而且有機會輕鬆地分期付款買下那匹馬。她浮現寫一本童書的想法，也寫完了她的第一本書。我的女兒十分快樂，因為她有了夢想中的馬，住在大自然裡，而且終於寫了一本書。

就在那裡、就在那個時候，在她的喜樂之中，我女兒遇到了她的完美伴侶。而在她的完美伴侶夢想成真後的兩個月，她成為作家的畢生夢想也實現了——一家大出版社願意出版她的書！更棒的是，她那間小房子需要的大規模整修工程，突然看起來有希望了——她的完美伴侶正好是建築商的兒子！

你可以擁有一切。無論你認為你的喜樂跟一個更大的夢想多麼不相關，也請追隨自己的喜樂，全心跟隨。雖然你看不見前方的整條路，但你的喜樂會是帶領你通往你**所有**夢想的那條線！

Part 2

英雄

BELIEF

信念

萊恩 · 比契莉

最終，要在人生中成就任何事，你必須相信自己做得到。那個信念是讓我贏得多次世界冠軍的要素。

萊爾德 · 漢彌爾頓

你必須相信凡事皆有可能 —— 相信自己做得到。

相信自己或許是你所擁有最強大的英雄能力。你的信念會帶你走過每個困境或任何充滿挑戰性的狀況，讓你最終得以實現夢想！

擔任南加大總教練的第一個球季，皮特 · 卡羅指導了一名很有天分的四分衛，他的優異潛能有無法發揮的危險。問題在於這名選手經常出現負面的自我對話，有時會影響他的表

現能力。有一次，皮特發現他的四分衛預期自己會出錯，便和同仁一起努力消除這名選手的負面自我對話。

　　多虧他們及時介入，這個四分衛開始相信自己，兩個球季之後，他獲頒為所有大學足球隊裡的最佳球員。接著，他成為國家美式足球聯盟的球星，且在明星賽中贏得「最有價值球員」。他的名字叫卡爾森‧帕爾默。

皮特‧卡羅

整個教練生涯中，我一直在幫助人們了解他們的想法和個人信念的力量。一個人的自我對話是他對自己的信念最清楚的指標。我持續宣揚正面自我對話的價值與重要性，它是讓你的夢想成真的一個關鍵因素。

安娜塔西亞‧蘇兒

我想要傳遞給人們的訊息是：我來到美國時一句英語都不會說，口袋裡沒有半毛錢，如果這樣的我都做得到，任何人都可以。你需要的只是相信自己，如此而已。

但如果你不相信自己怎麼辦？

　　你之所以不相信自己，唯一的原因就是你不經意地往不相信自己的方向去**想**。你想了很多，而且接受它們是**真實的**，於是形成了信念。你對自己的信心是與生俱來的，因此，如果今天你不相信自己，那只意味著你接受了其他人對你的想法，且信以爲眞。而讓你一直對自己缺乏信心的唯一途徑，是透過你對自己不斷產生的想法——你的自我對話。

 ### 馬斯汀・基普
成功最大的阻礙，就是人們相信那對他們來說是不可能的。如果你相信某件事不可能，那麼你就是對的，然後整個宇宙會變得對你不利，不是因爲宇宙是個不好的地方，而是因爲你是那樣和它互動的。你會一直尋找蛛絲馬跡，來證明你的低自我價值、證明爲什麼成功是不可能的。

　　想要改變缺乏信心的狀態非常簡單：你原本是怎麼想自己的，現在開始往反方向想，也就是相信自己**可以**做到，相信你內在就有做到這件事的所有資源。提醒自己，你擁有極爲強大的能力，時間一到，你就會知道如何運用這些能力；提醒自己，你要做的，就是一步一步來。

你的潛意識

當你想著「我可以實現夢想」這樣的念頭時，就會改變你潛意識裡的程式。你的潛意識就像電腦，裡頭有很多你裝進去的不同程式——無論是透過你的念頭，或是藉由聽從並接受他人對你的想法。你這輩子一直都是這麼做。

麥可‧艾克頓‧史密斯

如果你不相信自己——如果你不相信自己可以完成某件事——那麼沒有人會相信你。

你潛意識裡的所有程式都是透過思想存放在那裡的，是想法——也只有想法——會創造出新的程式，並覆蓋掉舊的。

當你開始想著你可以做到任何事時，你會感受到來自潛意識的「防火牆」的排拒力量，告訴你那些想法不是真的。然而，當你持續植入那個「我可以做到」的想法，最終那些想法會成為一個信念，然後你就改寫了程式。

萊恩‧比契莉

每個人都可以獲得對自己的信心，如果他們選擇那樣做。

多年來──甚至是一輩子──都不相信自己，結果只是實際努力一小段時間就可以開始相信自己，這是很令人驚訝的。

重新設定潛意識最有效的時間，是晚上正要睡著的時候。在你處於那個非常想睡、半夢半醒的狀態時，植入「我可以做到任何事，我可以完成任何一件我決心要做的事」的想法。你的目標是讓那個「相信自己」的想法成為你入睡前最後一個想法，因為你快睡著時的最後一個想法可以直接通過防火牆，進入你的潛意識裡。而當那個想法穿越防火牆時，潛意識一定會接受它是真的。

一旦你的潛意識有了「相信」的新程式，它一定會執行那個程式，證明你對自己的信心是真的。你會突然發現一些新的、相信你的人，或是從那些早就出現在你生命中的人獲得新的支援，而你會受到鼓舞去採取特定的步驟或行動，來證明你自己的能力，以及增加你的自信。

你的潛意識裡有些什麼，你的生命中就會發生什麼。這是因為你潛意識裡的任何一支新程式都會馬上被傳送到宇宙心智；而一旦宇宙接收到指示，就會和你合作，確保你達成你

所相信的事。或許現在你會了解為什麼有句話說：「人的心所能想像、所能相信的，必會實現。」

G. M. 拉奧

我有個為社會創造價值的願景，我對那個願景有強烈的信心。儘管出現兩次可能讓我的人生脫離軌道的重大挫折，我還是不屈不撓，因為我的價值觀與堅定的承諾和宇宙的意志一致，它無條件地支持我。我心裡從來沒有一絲懷疑。

萊爾德・漢彌爾頓

我真的相信我可以實現自己的夢想。如果沒有真心相信，我無法成就我一直以來做到的一切。這不表示我沒有懷疑，因為懷疑永遠存在，總是若隱若現，在你四周盤旋，試圖抓住你。但是，我並未擁抱懷疑。

相信自己不代表你不會在某些時刻質疑自己實現夢想的能力。在那些懷疑的時刻，只要把你的心智帶到你必須踏出的下一步就好，因為你會發現，相信自己可以踏出小小的下一步，會比讓你的腦袋被前方的整個旅程弄得頭昏腦脹還要容易。當你這麼想時，你在英雄之旅中就可以一次只走一步，而一次走一步就是每個成功人士所做的事。

　　當你覺得快樂時，你的信心會很堅定；如果你覺得疲倦、沮喪、不舒服或缺乏能量，這時懷疑就出現了。每個人都會有那樣的時刻，所以要提醒自己，你的感覺是暫時的，它將會過去。這就是為什麼每天追隨自己的喜樂如此重要，因為這樣做的時候你會很快樂，而其結果就是，你的信心會很堅定。

G. M. 拉奧

你必須在你的夢想中投入信心，要相信你想要的對你來說就是世界上最好的東西。沒有那樣的信心，你所採取的就會是缺乏努力、決心或堅持的半調子做法。很多時候，缺乏堅定信心的背後是害怕失敗。

馬斯汀‧基普

我的母親對我說，我可以做到我決心要做的任何事，我就真的相信她了。我從一開始就知道，當我真的決心做某件事情時，某件大事就會發生。

萊爾德‧漢彌爾頓

我的母親相信我可以在水面上行走。她的信心比較不在目標方面，而比較是關於我可以成為一個好人，但那給了我相信自己的力量。如果有某個人願意相信你，要緊緊抓住他。那就是你身邊需要有的人。

安娜塔西亞·蘇兒

一件小事就會改變你的人生。這發生在我天眞無邪的時候，但我印象非常深刻。六歲時的某一天，我在我父母的裁縫店裡，母親對我說：「你還記得我每次帶你去商店時走的路嗎？我會把要買的東西寫在一張紙上，並且給你錢。你去搭巴士，然後數六站就到了。記得跟司機確認一下是不是對的站。」我說：「媽，我才六歲耶！我不知道……」「不，你很聰明，你做得到。」我有點害怕，但你知道我腦子裡在想些什麼嗎？她說我很聰明、我做得到，而如果她那樣說，那我就是聰明的。最後我把東西買回來了，而且我絕不會忘記母親臉上的笑容。她說：「我就跟你說你很聰明、你做得到吧？我眞是以你爲榮。」

麥可·艾克頓·史密斯

擁有一對很支持你的父母，你會比較容易相信自己；但沒有的話，要擁有自信也絕對不是不可能。

　　即使你沒有幫助你灌輸對自己的信心的父母，你小時候也會有個相信你的人。可能是親戚、祖父母、鄰居、老師或手足，在你的成長過程中，肯定至少有一個人相信你。而無論那個人是否還活著，實際上，你現在擁有這個世界提供的所有支援，供你取用。

當你決定追隨自己的夢想時，宇宙會支持你，並提供你實現夢想所需的各種人、事、物。而利用宇宙的方法，就是運用你的潛意識去相信！

萊爾德・漢彌爾頓

要相信如果你只管專注在你的任務或目標上，事情自然會成；要相信你會因為你投入的努力而獲得供應。

馬斯汀・基普

列出那些啓發你的人，接著一一寫出他們的什麼東西啓發了你。是他們的韌性？是他們付出多少？是他們的銀行戶頭？是他們的品牌？還是他們對這個世界做的事？然後要意識到，他們身上啓發了你的東西，其實是你的一部分。

莉姿・茉芮

我們從做中學，因此，如果你可以把自己放在種種狀況當中，透過體驗式學習，你可以重新建立自尊，並轉變你的信念系統。你可以做到之前因為沒有前例可循、所以看似不可能的事。那差不多就像肌肉記憶。所以，新的經驗可以將我們帶往新的信念。

當你自己去發現你真正能做到的事情時，隨著你在英雄之旅踏出的每一步、擁有的每一個經驗，你的信心會增加且變得堅定。

相信你的夢想、相信你自己，因為你是個英雄，而且你內在的英雄不只相信你可以實現自己的夢想──他**知道**你一定會！

願景

馬斯汀・基普

《聖經》說得好：「沒有異象（願景），民就放肆。」

萊爾德・漢彌爾頓

我有過的每一個想法、做過的每一件事，都是先在心裡看到的。人們在談論觀想，那不過就是在說你可以在你的心裡看到。最終，你是沒有辦法看不到夢想卻能擁有它的。你要如何顯化沒有先在你心裡看到的事物？

　　體育界人士和運動員都知道為自己的夢想創造一個願景的力量。你應該聽過許多參加奧運的運動員都在談論一件事：這個贏得金牌的時刻，他們已經在心裡播放四年了。運動員

經常在訓練中運用觀想技巧,在心裡想像他們希望達成的每一件事,以及練習和改進特定技能。

萊恩‧比契莉

身為運動員,我花了許多時間觀想。做運動員很棒的一件事,是利用那個技巧去想像渴望的結果。

皮特‧卡羅

我們經常使用觀想技巧,想像自己會變成什麼樣子。所有的力量來自想像你希望變成的模樣的能力。除非你可以描繪出來,不然你怎麼可能到達那裡?就算抵達了,你也不會知道。

「快要睡著時,我總是可以特別逼真地在心裡想像我要做的動作:躍入泳池、滑行、划臂、翻滾轉身、蹬牆、顯示分段成績,然後反覆地游,直到完成比賽。」

麥可‧費爾普斯

奧運游泳冠軍

運動界掌握了創造出想要的事物最有效的做法之一──針對自己想要的確切結果,在心裡創造一個願景。儘管在運動方面已經有許多透過使用這個技巧而成功的例子,一般人還是沒有意識到,他們可以運用這個相同的技巧,在自己的人生中創造成功。

萊恩・比契莉

我只能想像一個結果,就是站在台上,把獎杯舉過頭頂,然後被香檳噴得全身都是。那對我來說才是最重要的。

創造願景最重要的部分,就是在心裡描繪出你想要的最終結果。把其他那些你要如何達成目標的細節從心裡趕出去,只要想像你夢想的最終結果。萊恩・比契莉選擇了「站在贏家的台上,被香檳噴得滿身都是」的願景,因為那個願景清楚呈現了她想要的結果──成為世界冠軍。

麥可・艾克頓・史密斯

我喜愛畫畫、塗鴉、素描,會花好幾個小時把我的筆記本填滿。我會把我想要達成、想要做的事情畫下來。

　　當你畫出你的夢想的種種要素時，你的心智會馬上從你的素描中塑造出一個願景；當你寫下你的夢想時，你的心智會自動從你的筆記中塑造出一個願景。無論用哪一種方式，你都是在觀想。

　　在我的人生中，每當我必須去做一件之前沒做過的事，真正動手之前，我一定會先觀想我要的結果。我會反覆在心裡播放那個願景，並感受那股興奮感，彷彿事情已經發生了一樣。我不會去思考我打算怎麼做，我只是想像我要的結果。這項技巧是人們在創造自己想要的任何事物時最強大、卻鮮為人知的能力之一。因為你的潛意識喜歡圖像，所以當你在潛意識裡放了一張圖時，它一定會盡其所能地讓那張圖的內容成真。

G. M. 拉奧

我的夢想總是在我心裡。打從一開始，我就和存在我心裡的那個夢想一起生活，即使在它還只是千絲萬縷的念頭時，我也將之付諸行動。我的行動來自「我的夢想早已實現」這個想法，而從我的行動中，我可以看到結果出現。

「成功實現了兩次。一次是在心裡，第二次則是在
真實世界裡。」

阿吉姆・普瑞姆吉

印度商業大亨

彼得・傅優

*事實上，我人生中做到的一切都不是我研讀，或是我
多努力工作得到的結果，而是我觀想，並且知道我已
經做到了的結果。*

我在製作《祕密》這部影片時，一天當中會觀想我要的結
果許多次。我在心裡非常清楚地看到結果，感覺就像事情已
經發生了。我毫不懷疑，在我做過的那些讓《祕密》如此成
功的事情裡，觀想是最有效的。

彼得・傅優

*你在觀想時，人們會認為你是個大騙子，因為他們
會想：「那不會發生的，那不會成功的。」噢，它
會，它絕對會成功，因為如果你可以想像它，那件
事情就會發生。*

　　一旦你善於在心裡想像你夢想的結果，彷彿事情已經發生了一樣，你就可以在英雄之旅中，針對你想要達成的任何一個比較小的步驟或目標使用同樣的技巧。但是，即使你只有觀想你要的最終結果，你的願景無論如何都會確保你能成功。

莉姿・茉芮

我的目標是所有科目都拿A，於是，我去學校的辦公室請他們把我的成績單印出來。他們說：「你剛入學，沒有任何成績單啊。」我說：「不，我想要空白的。」他們便印了一張上面有我的名字的成績單，然後，我就坐在樓梯間把我的成績填上。我感覺就像它們已經存在於未來，我只須迎頭趕上。做功課時，我會拿出這張我決定我會擁有、全是A的成績單，放在旁邊，這樣我努力用功的時候就可以看著它。念書的時候，我真的覺得這張成績單早已真實存在某個地方。

　　你可以將觀想技巧運用在你希望順利進行的任何狀況中。你可以觀想各種事情的結果，例如考試、試鏡、面試、開會、推銷、提案、演講、和公婆／岳父母見面、旅行，或是你的老闆給你公司有史以來最高的加薪額度！

務必觀想你今年底想要達到什麼樣的位置，並且維持在每個新年都立下一年一度的願景。除此之外，也為五年後的你將會在哪裡創造一個更大的願景。然後，就等著看你的人生會發生什麼事吧！

「你必須觀想你要前往何處，而且要非常清楚。為幾年後的你所在之處照一張拍立得相片吧。」

莎拉‧布萊克莉

Spanx創辦人

約翰‧保羅‧德喬利亞

早上醒來後，我就待在那裡。換句話說，我沒有打開電視機、沒有去拿一杯咖啡、沒有做任何事。我只是坐在床上，我就是「在」。沒有要做的決定、沒有要打的電話，就這五分鐘，我試著讓心智變得清淨，處於此時此地。這樣可以讓你的心智在一天當中保持清晰。如果你有一個想要完成的夢想，在最後的幾分鐘就想一些關於那個夢想的事，以及你有多想要、為什麼想要，還有為了幫助自己離夢想更近一點，你可以做些什麼。

如果你在一整天的緊張紛亂開始前就將之停止，讓自己的心智進入一種完全放鬆的狀態，你夢想的願景就會直接進入你的潛意識裡。這就很像關掉電腦以安裝更新版本或新程式。當你的電腦正在跑其他許多程式時，是無法安裝更新版本的——同樣地，如果你的心智因為其他事情一直在運轉，你的潛意識也無法接收你的願景。但是，當你透過放鬆關閉了心智，你的願景就會安裝成功。

當你成功運用觀想這項技巧時，你身邊的人會覺得很納悶：為什麼你的每一件事突然都變得很順利、都如你所願，彷彿你是超人一樣？而你會知道，你不過是使用了你與生俱來的能力裡面最簡單、卻最有力量的一種，而且這個地球上的每一個人都擁有這樣的能力！

THE MIND OF A HERO

英雄的心智

彼得・布瓦西
早上醒來後，你真的只有一個重大決定要做——不是該穿什麼衣服、不是該怎麼弄你的頭髮，而是：你打算採取一個好的態度或不好的態度？因為，正面的態度非常重要。

麥可・艾克頓・史密斯
我天生就是一個樂觀的人，真的非常幸運，因為我認為那有很大的幫助。

　　每個人要處理的最困難的一件事，就是他們的態度。當你真的了解，除非採取正面的態度，否則你會阻礙自己的成功、變得悲慘，而且可能會讓自己生病，你就會選擇開始透過樂觀的雙眼看待生命。你的態度是你自己創造的，它可以成為你最大的弱點，或是你最強而有力的工具。

萊恩・比契莉

如果你希望事情有所改善、如果你希望你目前正在經歷的模式有所改變，那麼就學會為自己的想法負責。

你的想法形成你的態度，所以改變態度的第一步，就是為自己的想法負責。當你可以承認並接受，讓你覺得痛苦、悲慘的，正是你的想法，你就會開始改變你腦子裡想的那些東西。

如果有人可以提供你夢寐以求的人生，交換條件是你每天盡可能找出許多好事，你馬上就會去做。嗯，那就是你得到夢想中的人生的方法！

皮特・卡羅

在我的生命中，我已經發現正面思考和樂觀地生活，是成功和創造你想要的事物最好的方法。

如果你的態度是由外在世界的狀況決定，那你就麻煩了，因為如此一來，你周遭的每個狀況都必須一直保持完美，你才能擁有一個正面的態度。然而，你無法控制每個狀況。此外，許多人也必須一直表現完美，而除了自己之外，你沒辦法控制任何人。你仔細想想，如果要讓你擁有樂觀且正面的

態度，事實上你需要全世界七十億人都改變成你想要的樣子。所以，你不能依靠外在狀況來決定你將採取哪一種態度。如果你這麼做，就會一直碰到讓你有理由產生負面態度的人、事、物。為了成為你最強而有力的工具，你的態度一定要由**內在**決定。

馬斯汀·基普

我在最糟糕的狀況中一直很樂觀。

彼得·布瓦西

凡事都有其正面與負面，你可以在世上的每一個情況中找到這兩者。會成功的人，就是那些可以先用正面態度看事情的人。

你有選擇樂觀或悲觀的自由。你可以丟掉舊態度，就像脫掉舊衣服一樣，然後每天展現全新的態度。就是這麼簡單。

好事就要發生了

皮特・卡羅

我母親總是說好事就要發生了。一開始我並不了解，但我這輩子一直有個想法，就是不管情況變得多悲觀、多困難，「事情即將好轉」這個希望一直存在。我的母親給了我那份禮物，它讓我保持正面、讓我總是用樂觀的態度看待事物。我非常幸運能帶著那樣的想法度過人生。

因為二元性，這個世上總是會有正面和負面的經驗。但如果不管外在狀況如何，你都一直尋找好的經驗，並維持正面的態度，你就會獲勝。而想要讓自己保持正面態度，沒有一句話會比皮特・卡羅的母親說的更好：「好事就要發生了！」如果你總是知道好事即將到來，你的樂觀永遠不會消失太久。

G. M. 拉奧

即使事情看起來毫無希望，我的靈性都會幫助我正面思考。

　　快樂又成功的人比較常想著可能發生的好事，想著擁有快樂、擁有金錢，以及創造一個富足且有意義的人生，而不是想著相反的事。

G. M. 拉奧

我遇過許多受良好教育、家裡很有錢、社會地位又高的人，他們卻因為自己的負面態度而無法成功。負面性會把一個人往下拉。

　　對人生的悲觀態度代表一個悲慘的人生。在生命中的某一刻，你一定遇過某個對每一件事都很悲觀的人，和他或她在一起時，你的能量和喜悅會被吸走。嗯，那正是悲觀的態度對你造成的影響。

安娜塔西亞 · 蘇兒

如果你是個悲觀主義者，而且一直很消沉、沮喪，那會扼殺任何夢想。

　　另一方面，我確信你一定認識某個總是很開朗、對人生抱持愉快態度的人，而且和他或她在一起時，你也會覺得很棒、充滿活力。那就是樂觀的態度對你造成的影響。

告訴我有哪一個悲觀的人在人生的每個部分都覺得快樂得不得了。不可能的！因為即使擁有了想要的一切，他們依舊覺得杯子有一半是空的！

彼得‧布瓦西

兩個人比鄰而居，其中一個人早上醒來推開窗戶說：「早安啊，老天爺！」隔壁那個悲觀主義者則說：「老天啊，早上了！」

問問自己，你是否認為責怪和抱怨可以把一個人的人生變得成功又快樂？你認為發牢騷和批評可以實現一個人的夢想，帶給他永恆的快樂嗎？

皮特‧卡羅

我們的課程中有一條永遠適用的規則，就是不發牢騷、不抱怨、不找藉口。那不是對你有幫助的思維模式，根本沒辦法帶你前往你想去的地方。

你看過超人發牢騷嗎？你看過印第安納‧瓊斯抱怨嗎？你看過詹姆士‧龐德把他的命運怪罪到別人身上嗎？你絕對不會看到電影裡的超級英雄顯露出這些特質，因為電影製作人知道如果這樣，超級英雄在你眼裡會馬上消失，而且不再是

個英雄。觀眾會直覺知道不太對勁：這麼負面的人怎麼可能成爲英雄？答案是，他們不可能。

當我們沒有過著我們來到這裡應該要過的人生時，責怪、怨恨、發牢騷及抱怨就是我們找的藉口。

莉姿・茉芮

在我們比較陰鬱、悲觀的時刻，我們會開始生氣、覺得自己有某種權利、責怪他人。我認爲這幾種反應是同性質的，它們都是關於你覺得自己本來應該擁有什麼、你缺少了什麼，以及誰應該給你那些東西。長大後，我認爲沒有人欠我任何東西。要知道，可以擁有你現在有的任何事物，是很幸運的，因爲它們可能也很容易消失。抱持這樣的態度好多了。

因爲看到周遭的人責怪他人、充滿怨恨、發牢騷及抱怨，我們就有了一個錯誤的印象，以爲這沒關係，而且傷不到我們。但是，那些負面情緒會把你一直往下拉，並讓你失去力量，直到你覺得沒有希望爲止。那些情緒沒有一種可以讓你充滿你想要且值得擁有的快樂，沒有一種會帶你走向你的夢想，沒有一種適合你這位英雄。

萊爾德 · 漢彌爾頓

你不可能一直都很開心、快樂、笑容滿面,事事也不可能一直都很完美。會有嫉妒、會有羨慕,所有負面的事情偶爾還是會發生。那只是我們身為人的一部分。然而,你是給它們園地生長,還是把它們推出去,然後用正面事物填滿?你大部分的時間都花在做哪些事、思考哪些事、說哪些事?那就是會為你結出果實的事。

抱持正面和樂觀的態度不表示你不會偶爾覺得情緒低落。有些日子,你會很消沉。但是,重點不在偶爾覺得情緒低落那幾天,而在於你一生這兩萬四千八百六十九個珍貴的日子裡,有多少天是因為你正面和樂觀的態度而過得很開心。

皮特 · 卡羅

試著每天用一個安靜的心智來運作,而不要總是在揣測和懷疑你值不值得、是不是個有價值的人。「我不知道我有沒有辦法處理這件事。」「這對我來說太重大了。」「我之前從來沒有達到這個程度。」「過去我偶爾會功虧一簣。」這類負面想法會把你的焦點拉走,讓你無法展現你的實力。我們很可能帶著這些想法,所以沒辦法像本來可以做到的一樣好。

萊恩‧比契莉

要留意自己的感覺，因爲有些時候你的確會覺得很消極、覺得情緒低落、覺得挫敗，而你可以做的最重要的事，是承擔責任，承認那些感受來自你思考的方式，並選擇去做某件不一樣的事，來改變你目前的狀況。

如果你覺得情緒低落，那麼就去做一件可以讓你眞正覺得愉快、且提振你精神的事。想想看，此刻做什麼事會讓你覺得最棒、最愉快，然後就去做！

萊恩‧比契莉

爲了讓自己覺得快樂、積極，我必須先去做某件我很喜歡的事，在心裡建立一種滿足感。所以，每一天我都會去衝浪，因爲我知道那會讓我感到非常快樂而滿足。

英雄的心智主要是正面的心智，英雄的態度則是保持樂觀。而正面的心智和樂觀的態度加在一起，就成了實現你夢想的超強大工具，因爲你的想法和你的態度，會變成你的人生！

THE HEART OF A HERO

英雄的內心

勇氣

萊爾德 · 漢彌爾頓
恐懼是我們內心持續存在的一種情緒，是讓我們進化的一部分。

莉姿 · 茉芮
你絕對無法擺脫恐懼，因爲恐懼是一種生理反應。你可以把某人連接到一個機器上，而你可以看到他正在經歷恐懼的反應。你總是會有恐懼的反應。

　　雖然我們每個人都是獨立的個體，但我們都是人，因此每個人都擁有全部的人類情緒，例如恐懼、不確定、懷疑、喜悅、熱情、希望及信心。在英雄之旅的不同時期，你會體驗到每一種情緒。不要以爲成功人士就不會經歷同樣的恐懼、

不確定及懷疑的感覺，恐懼對他們和你來說是一樣的，懷疑也是。成功的人只是決定，儘管感受到那些情緒，他們還是要繼續追隨自己的夢想。他們不會允許恐懼或懷疑癱瘓自己，或是阻擋他們實現自己的夢想。

馬斯汀・基普

無論你的夢想是遠大的，或只是一個渺小的夢想，它還是在你的舒適圈外，而踏出舒適圈等同於「恐懼」。然而，恐懼或許是在人類發展中最常被誤解的東西之一。從生物學的角度來看，恐懼是被設計來維持我們的安全；恐懼是一種自我保護機制。

身為人類，我們會體驗到兩種恐懼，但重要的是要了解，保護我們生存的生理本能，和心理上的恐懼是不一樣的。

心理恐懼是在生存沒有受到危害的情況下，我們的心智創造出來的東西。如果你曾經面臨一場期末考，而你覺得你的未來就靠這次考試了，或者如果你考過駕照，你可能就經歷過這種恐懼。假如你參加過學校的運動比賽，或者必須在一大群人面前演講，你可能也感受過心理上的恐懼。在這些狀況中，你的生命並未遭受威脅，你感受到的恐懼是心理上的，是一種你自己的心智創造出來的恐懼。在英雄之旅中，

我們大多數人只會面臨心理上的恐懼，但有些人，例如極限運動選手，就可能同時經歷生理和心理兩種恐懼。

萊爾德・漢彌爾頓

有人說：「你都不怕。」事實上，他們錯了，我想我是最害怕的人。我害怕那些巨浪，但是，你的想像力總是大於事實。讓自己順服於你所恐懼的事物，或許是適應它、熟悉它最重要的方法，接著突然間，它就失去了原本擁有的力量。

在奇幻電影中，你會看到英雄面對惡龍或怪物，而他或她必須將之剷除，才能完成他們的追尋。在電影裡，英雄的追尋就代表我們的人生，以及為了實現夢想，我們必須經歷的一切。怪物是我們心裡的懷疑和恐懼，而就像電影裡一樣，我們必須戰勝它們，別讓它們阻擋我們完成夢想。

做遠離你舒適圈的某件事，這個行動就已經當場殺掉恐懼和懷疑化身的怪物和惡龍了。

馬斯汀・基普

如果想要過一個沒有恐懼的人生，就絕對不要離開你的舒適圈，絕對不要。假如想要成長——而且最終能讓你快樂的就是成長——你就必須不斷踏出自己的舒

適圈。所以我們要了解的是，如果我會害怕，那是好
事。

當你不理會恐懼，還是把自己推出舒適圈，恐懼就不會再緊抓著你，然後你的勇氣會擴大。

「勇氣」（courage）這個字是從法文字coeur來的，意思是「心」。當你不管自己感受到的恐懼，依舊勇往直前去做某件事時，勇氣就會從你心裡湧現。這就是你獲得勇氣的方法，而不是反過來，以為必須在行動之前找到勇氣。勇氣來自執行你所害怕的事！當你鼓起勇氣，你會發現你過去認為很可怕的事，現在似乎一點都不可怕了。

萊恩・比契莉

如果你有勇氣設定一個目標，並建立追求它、完成它的信念，你就會每天踏出自己的舒適圈。所以，願意且夠有勇氣踏出舒適圈，是成功的必要部分。

馬斯汀・基普

有一本很棒的書叫《恐懼OUT：想法改變，人生就會跟著變》（Feel The Fear and Do It Anyway），英文書名的意思是「感受恐懼，然後不管怎樣就去做」

。我只讀了那個書名。我不必看那本書剩下的部分，就已經了解了。那真是最棒的建議。

麥可·艾克頓·史密斯

有些事情還是會讓我害怕。在好幾百人面前演講很可怕，第一次和你尊敬的某人見面很可怕，但只有把自己放在這些讓人害怕的情境中，你才能真正成長、進化，並且更接近你的最終夢想。說過「每天做一件讓自己害怕的事」這句話的是美國前第一夫人埃莉諾·羅斯福嗎？我真喜歡那個人生觀。

有所準備能減輕你的恐懼。你應該很容易理解，在測驗、考試、演講之前，你準備得愈充分，愈不會害怕。當你藉由觀想其結果，讓自己的心智準備好去面對一件你即將要做的事，你就會減少你所感受到的恐懼。你或許也會發現，當你開始去做那件讓你害怕的事時，恐懼馬上消失了。我再三在自己的生命中發現這是真的：對於做某件事的恐懼，比實際去做糟多了。而且，如果你一直練習觀想，你最終的獎賞會是：事情的結果跟你當初描繪的一模一樣。

冒險

製作《祕密》這部影片時，我冒著失去工作、公司、房子、名聲，以及我所努力追求的一切的風險。然而，我從來不曾認為這是在冒險。我知道我的夢想會實現。

G. M. 拉奧

我確實冒著失去一切的風險來完成我的夢想。畢竟，那是一個比我當時擁有的一切大二十五倍的投資。但是，我從不認為我無法實現自己的夢想，我總是帶著富足的心態工作。

麥可・艾克頓・史密斯

冒險非常重要。不是那種瘋狂且不顧一切的冒險，而是在你不知道結果會如何、但你很有信心一定會成功的地方下賭注。我經營事業的哲學是：下一些小賭注，如果某件事行得通，我們就多做一點；如果行不通，我們就拍拍身上的塵土，準備重新來過。

安娜塔西亞・蘇兒

冒險當然可怕，但我是個冒險者。如果不去冒險，第一，你不會發現自己有多強大；第二，你絕對不會成長。

在英雄之旅的某些時刻，你會被召喚去冒險。如果你很害怕，但覺得這是必須採取的正確步驟，那就勇往直前。然而，假如你覺得恐懼，而且懷疑這一步到底對不對，那就不要做──直到你比較確定該走哪一條路才對。如果有疑慮，就不要行動。

皮特．卡羅

我在南加大九年，那是我一生中最美好的時光。我們贏得眾多勝利，且創下許多紀錄。然後，我面臨一個離開我擁有過最美好的時光、前往國家美式足球聯盟的機會。那是我冒過最大的風險，因為我已經很成功了，但是，雖然風險更高、挑戰更大，這卻是去競爭和實現某件事的非凡機會。

感恩的心

G. M. 拉奧

感恩是達成夢想的關鍵──對於自己擁有的一切，以及即將來到的事物懷抱感激之情。這是正面思考的第一步，一種「世上的一切都很美好」的感覺，那讓我們得以接收宇宙的祝福。

感恩在英雄之旅中很重要。這是一種安靜、謙遜的特質，卻非常強大。想要讓你的英雄之旅走得順利、同時速度加快，想要經歷彷彿天上掉下來般的奇蹟狀況，就要透過感恩。

萊恩・比契莉

我非常相信感恩的力量，因為它讓你以正確的角度看待每一件事，且使你可以專注於當下。很神奇的是，當你心懷感恩時，宇宙會持續提供你更多快樂和感激之情。

安娜塔西亞・蘇兒

早上醒來時，數算你的恩典：你身體健康、你可以行走、你看得見、你可以呼吸。

你可以透過感恩來減輕並確實消除所有看似負面的狀況，例如挑戰、阻礙及問題。如果你正面臨一個問題，或者進入死胡同，看不到任何出路，那麼深切地感恩這個舉動將會清除障礙。那就好像你的感恩讓宇宙發出了一張「自由通行證」，讓你可以跳過阻礙。突然間，你發現你面臨的阻礙變小或消失了，你前方的路變得乾乾淨淨，或者，你找到了解決方案，因而克服了阻礙。

彼得・傅優

感恩必須被放在你做的每一件事之前。首先，你必須非常感謝你能在這裡。如果你的生命中有任何正面事物，要對它們抱持感謝之情，那些事物就會倍增。你愈是感恩，好事愈會倍增，然後，就會有愈多對你而言不是那麼美好的人、事、物消失不見。神奇的是，你有多感謝，那些對你不利的事物消散的速度就有多快。我在各個方面都見證過這個狀況無數次。

如果你在旅程一開始就為自己注入一顆感恩的心，且一路上都保持感激之情，就會讓旅程變得容易許多，而且任何困難都會大幅變小。沒有感恩的話，你等於放棄了這樣的機會：讓宇宙來計畫，並提供你所需的人、事、物，以最神奇的方式幫助你實現夢想。相反地，你一路上會經歷重重困難，除此之外，還會錯失隨著感恩的心而來的無上幸福感。

馬斯汀・基普

關於感恩很棒的是，它讓你跳脫自己。你把焦點放在你擁有的事物上、放在恩典上、放在其他人身上，而那就是滿足感的最終來源。當你感恩時，你不會把注意力放在自己身上。那樣做終止了我的痛苦、不幸。

麥可‧艾克頓‧史密斯

反之亦然。如果你老是想著負面事物、想著問題、想著種種爭議，你的意志會持續消沉，讓自己更加緊張、苦惱而不快樂。

馬斯汀‧基普

感恩對滿足感來說很重要。我認識許多「成功」、但並不感恩的人，而我不想過他們的生活。

彼得‧傅優

我相信感恩是必須時常保持的一種心態。我不是相信 —— 我是知道。我知道這是事實。每當我沒有保持感恩之情時，我可以清楚感受到差別。

麥可‧艾克頓‧史密斯

如果某一天我情緒低落或過得很糟，然後一天結束時我坐在浴缸裡，或是喝著咖啡，我會回想那些讓我覺得感恩的事——我的健康、我的朋友、我的家人。這會讓你心情突然變好，而我認為大部分成功人士都了解這一點。

製作《祕密》這部影片時，每天早上我一定會感恩十到十五分鐘，然後才起床。

彼得・傅優

即使是我電腦的密碼，也每天都在提醒我，我所擁有的一切讓我多麼感恩、多麼快樂。

彼得・布瓦西

我從我母親身上學到很重要的一件事：從我五歲、會寫字的時候開始，每年聖誕節那一天，她都要我寫感謝信給每個送我禮物的人，寫完才能出去玩。直到今天，我仍然試著每天親手寫一封感謝信給某個人。

萊恩・比契莉

一個月前，我在澳洲的努薩衝浪。海浪很美，大海感覺起來很溫暖、如絲一般柔滑，我覺得被滋養著，而且玩得很開心，於是心裡出現一股驚人的感激之情，讓我停了下來。我望向大海，心想：「這真是太好玩了。」突然間，有一道浪不知從哪裡冒了出來，而且我身旁沒有一個人要跟我搶。於是，我划著衝浪板迎向它，並成功駕浪。那是我此生遇過最長、最棒的一道浪。結束後，我回頭望著大海，說道：「謝謝。」

　　直到你有一顆感恩的心之前，你不會知道那股可以轉化你整個人生的感恩力量。而那些已經發現感恩這件事情的人，將會熱切地讚美它，希望讓每個人都聽見。

莉姿・茉芮

埋葬了母親之後，我去朋友家，在他的客廳坐下來。
我的朋友鮑比開始抱怨，因為他母親把晚餐的豬排煎
焦了。另一個朋友則抱怨她的老闆，還有一個朋友在
抱怨輟學的事。我看著他們，想到我母親、想到裝著
她的松木箱子，再看看自己，然後我開始了解到我們
有多幸運。真的非常有福氣，因為我們擁有健康，我
們還活著。我相信，感恩不過是了解到，你所擁有的
一切，同樣很容易失去。於是，一切都變得清晰。我
看見我的富足，因為我不只活著、健康且年輕，還有
這些很棒的朋友。我們並不完美，但我們深愛彼此。
好多個夜晚，我可以睡在他們的沙發上和地板上。我
的確經常睡在公園和走廊裡，但我不會活不下去。
如果你想到這個世界上每個人的遭遇，跟很多人比
起來，我甚至不算窮困。我沒有地方住、沒有東西
吃，但我了解我擁有的恩典。

直覺

彼得‧布瓦西

我花了六年研究全世界的領導者，百分之九十九點九的人都說直覺比邏輯重要。邏輯是你學到的東西，直覺則是你的本質。那不表示你無法務實並運用邏輯和常識，只是第一個情緒上的感覺非常、非常重要。

「要有勇氣聽從你的心、你的直覺，它們某種程度上已經知道你真正想要變成什麼樣子。」

史帝夫‧賈伯斯

蘋果公司共同創辦人

馬斯汀‧基普

直覺是讓你夢想成真所需的主要工具。若不信任直覺，你會一再失敗。

　　直覺是靈光一閃，接收到的時候會伴隨一股強大且令人信服的感覺。透過某些發生在生命中的事，這份感覺催促我們走上某一條路，或者有時要我們別走某一條路。雖然這份感覺總是即時且強烈，人們卻往往會去揣測自己接收到的這份令人難以置信的訊息，並讓他們的意識說服自己不要聽信。

麥可‧艾克頓‧史密斯

我是直覺的忠實信徒。很多人認為直覺只是怪力亂神和胡說八道的東西，沒有資料可以佐證，但我相信那裡一定有某種東西，因為我們的潛意識接收到的事物比意識多很多，而潛意識是透過直覺跟我們說話的。當你對某人或某個狀況有某種感覺時，去傾聽那個感覺是非常重要的。以我的經驗，這樣做往往帶來很好的結果。

　　雖然科學界還沒有發現直覺是什麼，或者它從哪裡來，古老的教導中已經顯示直覺是來自更高意識層次——所謂的「宇宙心智」——的知識。這份知識透過振動傳送到我們的潛意識，然後這些振動又被傳送到大腦，以及我們體內的特定內分泌腺，用一種我們可以理解的方式譯出這份知識。這解釋了當我們產生一股直覺衝動時，為什麼胃或心臟附近會有某種感覺。

　　簡單來說，你的直覺是來自宇宙的訊息。從宇宙心智的觀點，前方有些什麼可以看得一清二楚，而宇宙正在啟發你走上特定的路。接收到直覺時，不要揣測這份訊息。無論出現什麼相反的證據，都要相信你的直覺，因為宇宙知道該往哪裡走。

約翰・保羅・德喬利亞

我雇用人主要是靠直覺，也就是我對他們的感覺。如果我身處商業場合，考慮跟某人做生意，我會依賴直覺，因為靈魂感覺得到。

萊恩・比契莉

我們低估了直覺的價值，不相信自己的直覺。我犯過的一些很大的錯誤，都是因為沒有聽從我的直覺，或是有聽到卻質疑它。學習信任直覺是很重要的。

　　你也許在不知不覺中關閉了自己的直覺，就像許多人一樣，但你可以重新喚起你的直覺力。而增強直覺的方法，正是運用直覺，這就是為什麼你會聽到成功人士強調它的重要性。他們相信自己的直覺、聽從它，並採取行動，而因為這樣做，他們的直覺力大幅增長。大部分的成功人士幾乎在做每個決定時，都會運用自己的直覺。

萊爾德・漢彌爾頓

每當有了個直覺，我就會採取行動。有趣的是，當
你意識到自己正根據直覺採取行動時，你就會做得
愈好。這的確是你可以愈來愈精通的一項人生技能。

除了更常信任並聽從自己的直覺之外，有個簡單的方法可
以增強你的直覺力：問問題！

當你問一個問題時，你會透過自己的直覺「接收」到答
案。你可以從簡單的問題開始，也就是那些你知道很快就
可以確認答案的問題，例如：「某人幾點會到？」或「某人
今天會穿什麼顏色的衣服？」電話響起時，問問自己：「誰
打給我？」有時你的心智會試著給你答案，但假如你在問問
題時，可以讓自己的心智安靜下來，處於接收模式，經過練
習，來電者的名字就會閃現在你的腦海裡。

提出問題或尋求解答，運用的程序和把答案傳送給你是一
樣的，只不過方向相反──你的問題是往外傳送出去給宇宙
心智。也許現在你了解到，企業家在尋求這個世界當時需要
的完美點子時，接收到的想法最後為什麼**正好**就是當時的世
界所需！

　　當你提升了自己的直覺，就會開始得到更多直覺衝動和靈感，去做特定的事；而如果那些事情被證實是對的，你就會像許多成功人士一樣信任自己的直覺，並且知道那是你非常強大的一項能力。

THE WAY OF THE HERO

英雄之道

黃金法則

萊爾德・漢彌爾頓
你可以告訴我母親:「我出現在這本雜誌的封面上,或是我達到了這項成就。」然後她會說:「很好,但是你待人如何?」

彼得・傅優
你希望別人怎麼待你,就要怎麼對待別人。己所欲,施於人。

　　如果沒有體驗到自身行動的結果,無論那些結果是正面或負面,我們絕對無法學到任何東西,絕對不會成長。你了解觸摸炙熱的熨斗、在上班日睡太晚,或是沒有付電話費的後果,但很多人不知道的是,我們體驗到的最大後果,起因於我們對待他人的方式。

皮特・卡羅

我們對待他人的方式非常重要。我們的課程有一個原則：我們尊重每一個人。一個非常好的練習是，務必注意你如何對待身邊的每一個人，這樣做最能帶領你到你想去的地方。

約翰・保羅・德喬利亞

對身邊的人不好完全沒有幫助。很多時候，你以為自己是個好人，但你不是。不要刻薄待人，那會阻礙你。己所不欲，勿施於人——這是黃金法則。

「成為重要人物固然好，但是對別人好更重要！」

　　　　　羅傑・費德勒

網球冠軍

　如果對別人不好，你絕對找不到真正的快樂。所有人都彼此連結，我們是同一個家的一分子，宇宙是我們**所有人**的。如果我們傷害了另一個人，事實上就是在傷害宇宙。這樣做大錯特錯！

麥可‧艾克頓‧史密斯

那感覺就像正確的事——度過人生的正確方式。說
「請」和「謝謝」、尊重他人、只要有能力就支持
他人，這是非常重要的。

約翰‧保羅‧德喬利亞

下一件事就是，不要散播謠言。你不知道某件事的全
部真相，而且謠言不是一個適合釋放到地球上的好頻
率。請釋放正面的頻率，如果放出負面頻率，只會拖
累你和周遭的一切而已。

　　如果你送某人禮物，對方卻很無禮，沒有道謝，而且對你
的付出並不領情，你不會再買禮物給那個人。同樣地，如果
我們很無禮、不知感恩或苛刻待人，也不會得到生命給的好
運禮物、意料之外的運氣及大好機會。如果以善意待人，那
麼無論情況如何，宇宙都會把善意送回來給你。這就是生命
在我們每個人身上運作的方式。

萊爾德‧漢彌爾頓

這是一件很神奇的事：當你付出且很慷慨時，你會
有所得，而且別人也會慷慨待你。如果告訴別人這
件事，他們會覺得這個想法似乎太過簡單，以致無
法理解。

萊恩 · 比契莉

要意識到這個事實：你所做的每一個選擇、說的每一句話、採取的每一個行動，都有其後果，並對別人造成某種影響。

保羅 · 歐法拉

我相信業力。你釋放到這世上的事物會回到你身上；換句話說，要做好事，而且一定要繳稅。

「牛頓第三運動定律，或說業力——無論你選擇如何稱呼它——是我多年來一直在留意的事。我把它叫作『因果』：你釋放到這個世界的能量會回到你身上。換句話說，果實就在種子裡。你不能種下一顆蘋果種子，卻期望它長成酪梨樹。你人生的結果取決於你所做的事和你的行為。」

湯姆 · 沙迪亞克

電影導演

彼得 · 布瓦西

很多人說：「我不相信業力。」嗯，不是你相不相信的問題，它就是會發生。

在英雄之旅中走得愈遠，你就會成長得愈多、心智擴展得愈大。你的心智會擴展到開始意識到日常生活以外的事，那些你之前從未發現的事。你發現如果你做了某件好事或對別人好，就會有很棒的事發生在**你**身上；假如對別人不好，**你**就會碰上壞事。透過觀察自己及周遭人行事的結果，你開始察覺到生命是如何運作的。你可以看出模式、可以看到內在的運作、可以看到生命的韻律，以及你曾經身處黑暗，現在正開始清楚地看見一切。

萊爾德・漢彌爾頓

我一直碰上一件事，我稱之為現世報。如果我說了某件顯得狂妄自大的事，出去馬上會踢到腳趾頭或撞到頭。只要做了或說了負面的事，我馬上就會得到這種懲罰。這提醒了我要保持正向，並且要說好話，因為我會得到現世報。有很多次，我去海裡衝浪，對某人做了或說了某件不是太正面的事，接著我絕對會被海浪吞沒。之後，我去衝浪時就會保持正向、大方且有禮貌，然後就會獲得很棒的衝浪經驗。

G. M. 拉奧

我經營事業的目的並非局限在財務上的收益。我相信，我必須透過為社會帶來持久的影響，實現一個更高的目的，這是我的「業」。事業是為社會服務，

而任何一個事業的興旺、成功,將與它提供給社會的
價值成正比。

你已經知道你在講別人壞話時,不會覺得喜悅或快樂。那
個糟糕的感覺正在告訴你,那樣的行為和你內在的英雄差距
很遠。那種行為有其後果,會影響我們的心理與身體健康,
以及我們的快樂。

安娜塔西亞‧蘇兒

我不想做我知道會傷害別人的事,是為了一個理
由——因為我。因為我會很難過,心裡嚴重覺得不
安,這對我來說並不值得。我比對方受的傷害更大。
而如果我可以做某件好事,我會去做,並且不需要任
何事物作為交換。

「當你做了一件充滿愛的事、當你釋放正面能量
時,你會感到快樂。這是人類的內建程式。所以,
業力的目標——如果有個目標的話——不在於為了
得到某種正面能量而去釋放正面能量,它的目標是
釋放正面能量,並對自己的人生有正面感受。那就

是生命的功課所在，那就是爲什麼眞正的革命在於
個人的革命。」

湯姆・沙迪亞克

電影導演

謙卑

萊恩・比契莉

*如果你走上了英雄之旅，保持腳踏實地和謙卑非常
重要。*

彼得・布瓦西

*要成爲眞正謙卑的人，因爲如果你很謙卑，你就會傾
聽；如果傾聽，你就有所學習；而假如有所學習，你
就可以教導。*

馬斯汀・基普

*我的老師告訴我，爬得愈高，一定要愈謙卑。他說，
謙卑指的是永遠保持平易近人。你今天成功了、你今
天有一本暢銷書，不代表那個成功獲得保障。*

保羅・歐法拉

*我父親總是告訴我，你會失敗的最大原因，是你過去
的成功讓你變得過於驕傲。*

　　我們是否走在英雄之道，取決於我們的行為和我們對待他人的方式。英雄是仁慈且謙卑的，所以，英雄之道就是仁慈與謙卑之道。在通往夢想的旅程中，我們的行為不是推動我們前進的墊腳石，就是將我們往後拉的絆腳石。選擇權在我們身上。

COMMITMENT

承諾

安娜塔西亞 · 蘇兒

即使有一道門關了起來，我的意圖、我的投入還是會讓我猛力去撞擊它。我會破門而入，或是從窗戶爬進去。我是不可能不讓事情發生的。

　　如果你真的夠想要，你會自動承諾、投入去做某件事。你甚至不需要思考，就這樣一頭栽進去。如果你很想看某一部電影，要你承諾去看那部電影一點都不費力；當你為愛神魂顛倒時，你根本無法阻止自己承諾去見對方。

萊爾德 · 漢彌爾頓

關於我們在海上從事的活動，有一件事情是：它們非常守承諾。你不會「有一點」騎到浪，你不是有騎上浪，不然就是沒有。每一道浪、每一次騎浪，就是一個信念、一次承諾和投入。你是在放手一搏。

萊爾德‧漢彌爾頓很清楚何謂承諾和投入。如果你需要激勵人心的事物來強化你的承諾，可以去看看萊爾德‧漢彌爾頓的一支影片：他承諾要在大溪地西南海岸的趙波村駕乘世界上最危險的一道浪。

以全世界最大的海浪聞名，趙波村的急速巨浪高達六‧四公尺、像建築物一樣厚實，然後打在非常淺和鋒利的珊瑚礁上。因爲浪如此巨大，在趙波村衝浪唯一的方法，就是讓一輛水上摩托車拖曳在後，然後在高速前進時放手。

直到放掉了拖曳纜，萊爾德才看見那道在他後方升起、如怪獸般的雙層浪有多巨大。他必須在一瞬間決定是否要全力投入去騎上那道浪。如果沒有承諾要駕馭那一道浪，萊爾德不太可能在如山高的海水及下方的險惡珊瑚礁中活下來。然而，萊爾德‧漢彌爾頓打破了可能性的界限，創造了衝浪的歷史。

莉姿‧茉芮

關於做決定，有一件事情是：無論你此刻擁有的是什麼，都足夠讓你去做你需要做的任何事。如果你總覺得你還缺一樣東西，如果你認爲「我必須有這個才能

做這件事、做那件事」，你就是在等待對的時機。並沒有所謂「對的時機」。

對的時機從來不會出現在未來，而是現在。你的全心投入則是一個信號，可以打開通往你夢想的門。事情絕對不會反方向發生，除非你做出承諾要投入，否則你只會看到牆。

麥可‧艾克頓‧史密斯

你必須真的全心投入，而不能漫不經心地做。當你真的投入時，無論你是醒著或在夢中，你體內的每一分精力、你的潛意識、你的意識都會朝著你試圖實現的事物努力，而那將造成很大的不同。

萊爾德‧漢彌爾頓

當你全心投入時，情況就會為你準備好。我很想說：「我非常聰明，我想到了這個。」但沒有人那麼聰明。那些事情之所以會準備好，是因為你全心投入地相信事情是有可能的。

萊恩‧比契莉

突然間，你會獲得指引，而那是宇宙提供的。就像一句名言所說的，當學生準備好，老師就會出現。

馬斯汀・基普

如果全心投入在夢想之中，門將會打開。我真的認
為門一直在那裡，但唯有全心投入，你才看得見。

G. M. 拉奧

當我的承諾變成信心時，門就會打開。我可以用我
們標下德里機場的例子來說明。我們計畫打造全世
界最好的機場，這是我們的夢想。這個專案吸引了
世界最好、最大的機場開發商，投標的過程相當複
雜且周延。我們找到了一些很有能力的夥伴、非常
博學多聞的專家，以及一個相當積極的競標團隊。
我們造訪了世界各地的現代化機場，從中學習，然
後克服了一路上的每個阻礙，成為唯一技術合格的
競標者。但我們的旅程還沒結束。競標的過程必須
克服法律上的挑戰，一路到了國家的最高法院。因而
導致的延宕讓已經很緊的時程更加緊湊。這將是全世
界第五大機場，而且是一個需要協調五十八個部門、
極度複雜的環境。而當我們開始執行這個專案時，事
情就到位了：我們募集了將近二十五億美元的資金，
並且從超過二十七個國家招募了超過四萬名工人和工
程師，一起用創下世界紀錄的三十七個月時間完成這
個專案。宇宙庇護了我們打造世界最棒的機場的承諾
與夢想，並且鋪平了道路，讓我們達到目標。現今我
們是全世界一百九十九個機場中排名第四的機場。

看到有人追隨自己的夢想時，我們會有個錯誤的想法，認爲他們一定有什麼特別待遇或恩典才做得到。其實剛好相反：在你決定放手一搏、踏上英雄之旅時，特別待遇才會出現。當你全心投入自己的夢想，任何可以幫助你實現夢想的人彷彿都受到宇宙的召喚，在你正需要的時候，帶著你所需的一切在那裡等著你。

承諾及宇宙

我女兒的男朋友有一份穩定的工作，而且他知道如果他非常努力，十五年內他會在組織中逐漸晉升。不過這份工作遠遠不是他的喜樂所在。他確實非常努力工作，因爲唯有如此，他才能去做他最喜愛的事，也就是衝浪。於是，這個年輕人做出重大決定：他決定追隨自己的喜樂。

幾個月內，他擬定了離開企業界、開始他製造衝浪板的夢想的計畫。他說到做到，在他全心投入的那一天，他就辭職了。除了夢想和他的全心投入之外，他什麼都沒有，而以下就是宇宙爲他安排的事。

當地一位很成功的浪板削板師讓他加入，看著他削衝浪板。另一位削板師也提供他免費的課程，並教他製作一些

削板工具，以省下更多錢。一位平面設計師免費幫他設計新事業的商標，一家衝浪用品店則讓他以批發價購買需要的東西。他從父親那裡獲得一些設備、燈光及貨架，用來打造他的削板工作室，而且他還不用付租金，就得到一個設立工作室的空間，那裡有著任何人都想擁有、最令人讚歎的加州海岸景色。此外，不管他去哪裡，大家都會要他幫忙削衝浪板。

這一切都發生在兩個星期內。當你承諾全心投入自己的夢想時，就會出現這種宇宙召喚力量；當你追隨自己的喜樂時，這樣的「特別待遇」就會降臨在你身上。

馬斯汀・基普

如果你有一個夢想，就不要制訂B計畫。威爾・史密斯說過，如果你有B計畫，最後就會採用B計畫。你必須把一切全押在A計畫上——你所有的愛、你所有的信心、你所有的能量，以及你所有的決心。

萊爾德・漢彌爾頓

你有個備案，你知道無論如何，即使原本的計畫不順，還是有其他路可走，但那不是你該做的事。如果你開始把焦點放在備案上，它就會成為你的計畫。

　　你可以在腦子裡給自己一個安全網，知道無論發生了什麼，你都會沒事。不過，假如你很認真地制訂一個B計畫，你就冒了個風險，因為你的潛意識會讓那個B計畫成真。請把全部的注意力和焦點放在A計畫上，那麼最終實現的，就會是你的A計畫！

決心

萊爾德‧漢彌爾頓
追尋夢想時，你必須毫不氣餒、堅持不懈。

G. M. 拉奧
一旦我做出承諾，就會產生讓它成功的決心。

皮特‧卡羅
不是每個人都有同樣程度的決心。當阻礙出現、懷疑開始滋生時，不是每個人都有相同的膽量，可以讓自己堅持下去。不過，可能性是有的。

　　嬰兒時期嘗試走路時，你跌了好幾百次；第一次試著自己吃飯時，你把食物放到眼睛、臉頰，以及嘴巴以外的任何地方；學習說話是一段充滿錯誤的漫長旅程，但你從來沒有想

過要放棄。決心是你本質的一部分，你的內在就擁有決心，
而且你可以再次找到它。

麥可‧艾克頓‧史密斯

透過真正地自力更生，我們設法湊齊現金，讓事業繼
續下去。不過，這很難。銀行不會借你錢，如果你之
前沒做過任何事，沒有人願意在你身上冒險。你就是
必須捲起袖子，找出一條路。

　　假如你對自己的夢想有一股炙熱的渴望，那麼你將擁有讓
它實現所需的全部決心。也許有些日子你會覺得情緒低落，
有些日子你會懷疑自己，或者甚至覺得自己做不到，但你那
股炙熱的渴望會帶你走過那些日子。你內在的炙熱渴望是強
大的力量，可以壓過任何一股想要放棄的短暫感覺，並提供
一種承諾和決心，讓你克服可能會遇到的任何困難。在製作
《祕密》這部影片時，我炙熱的渴望和信念非常強大，以致
我從來沒想過要如何獲得決心，因為我強烈的渴望意味著我
已經充滿了決心。

安娜塔西亞‧蘇兒

我需要一張信用卡。我去銀行，但他們不想發給我信
用卡，因為我之前沒有往來紀錄，我母親也沒有。我
跟那家銀行的經理說：「如果你不幫我，我怎麼建立

信用？給我五百美元的額度。我又不是要你給我五百
萬美元。我會在銀行放一千美元，所以你先給我五
百。」他不想這麼做。我又說：「聽好了，我會在
銀行前面點火自焚。」於是，他給了我一張額度五
百美元的信用卡。到現在，我還是那家銀行的客戶。

　　決心也來自你對自己的信心。當你相信自己，你自然會有
決心。教練和個人訓練員對我們有正面影響，因為他們不斷
告訴我們，我們可以更好、我們做得到，並且在每個階段驅
策我們。他們對我們的信心讓我們相信自己可以實現夢想，
而當我們相信時，就會有決心去實現任何事。你可以成為自
己的教練！你可以藉由正面的自我對話鞭策自己，告訴自
己：「我做得到，我曾經在許多更加艱困的時刻獲勝，我
已經擁有所需的一切，我做出承諾，且夢想的成功就在我
手中，我將得勝！」你的潛意識會聽到你說的每一個字，
然後，你就會去做！

馬斯汀・基普

夢想就像種子，需要花時間栽種，而不是一夕之間
就發生。我們已經忘記必須自己努力去贏取，而處
於「即時滿足」的狀態：現在就給我這個，喔，還
有，我不必為它做任何事，給我就對了。然而，夢

想是掙來的，是努力得來的。如果夢想還沒實現，
請繼續嘗試。

絕對、絕對、絕對不要放棄

萊爾德・漢彌爾頓

放棄太容易了。放棄是一種逃避，「我老了，我這
樣，我那樣」只是一種拒絕真正付出努力的說詞。

皮特・卡羅

如果你覺得自己完蛋了，那你就完了，因為那是不抱
希望。我們不想走到完全絕望的地步，永遠會有希望
的。對我來說，好事總是會往你的方向來。

莉姿・茉芮

即使你有許多決心，仍然會碰到想放棄的一天。我經
常被拒絕，幾乎到了讓我意志消沉的地步。某一天，
我已經被拒絕第一百萬次了，正在劃掉那些拒絕我的
學校，來到清單底部，就快要沒有會收我的學校了。
我面臨一個必須做選擇的時刻：我口袋裡還有足夠的
錢，可以搭地鐵去參加下一所學校的面試，或是直接
放棄，這樣還可以去吃一片披薩。披薩或面試……要
選哪一個？我當時只覺得：「我無家可歸，而且很

餓。他們會拒絕我的。」突然間，那個愛做夢的我想
到：「如果那就是會讓我入學的學校怎麼辦？」我必
須丟掉吃披薩的念頭，坐上地鐵去學校面試。結果，
那所學校讓我入學了——正是下一所學校。你必須再
做一次，如果再做一次還是沒有用，就再做一次。

你活在二元的世界裡，因此會有起有伏。你會經歷這樣
的日子：無論什麼事都讓你覺得情緒低落，每一件簡單的
小事感覺起來都很費力，彷彿你正一步步在泥濘中艱難前
行。在那些日子裡，你可能不覺得自己有很多、甚至任何
一點決心。

你也會經歷這樣的日子：覺得快樂得不得了，且充滿能
量，也覺得自己站在世界之巔，彷彿可以實現任何事。那
份喜悅且極度快樂的感覺，就是你所擁有最強大的人類情
緒之一，因為有了它，你不只覺得所向無敵，你**就是**所向
無敵。當你充滿喜悅時，你也充滿了決心，因為從喜悅的
觀點來看，每一件事看起來都很容易。所以，要尋找你的
喜悅——追隨你的喜樂——然後你就會找到實現夢想所需
的全部決心。

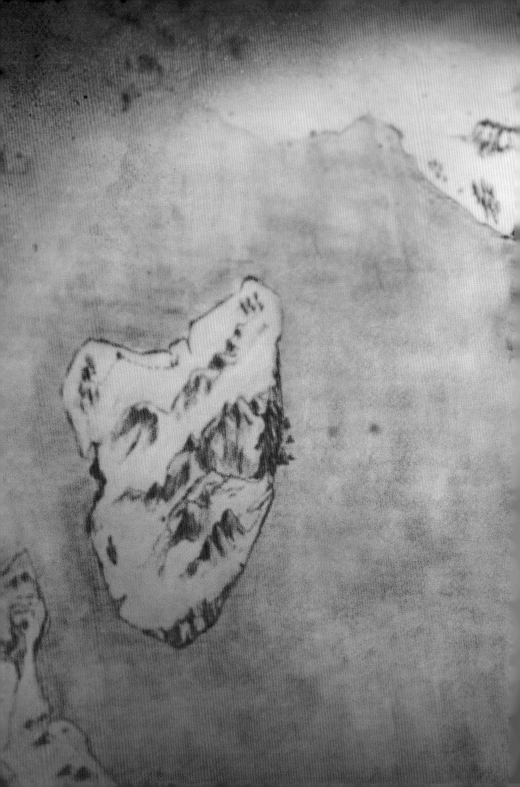

Part 3

追尋

THE LABYRIZTH

迷宮

萊爾德・漢彌爾頓

旅程本身絕對不會像你想的那樣。你知道有個目的地，但你絕不知道前往那裡的路徑。

　　許多人放棄了自己的夢想，甚至還沒開始去追求夢想，因為從他們所在之處看不見通往夢想的整條道路。你永遠不會看見前方的整條路，因此，你絕不會知道自己的夢想將如何實現。沒有一個成功的人知道他或她的夢想是**如何**成就的，他們就是單純地相信它會實現，而且直到事情成真之前絕不放棄。

馬斯汀・基普

我從來沒想過我的人生會像現在這個樣子。我知道它感覺起來會像這樣，但我從不知道它會是這樣。

通往你夢想的路就像在迷宮一樣，你能看到的只有前面
幾呎路而已。在轉過下一個彎之後，你才會看到那裡有什
麼，接著你就可以看見之後的幾呎路。有時候，你會碰上
死路，然後就得往回走；有時候，你會很神奇地碰巧發現
捷徑，移動的速度因而變快。通往你夢想的路就是以這種
方式展開的。

萊恩‧比契莉

*沒有人看得見整條路。你必須願意往前踏出第一步，
走上那段旅程。*

馬斯汀‧基普

*活出你夢想的過程是關於冒險——去看看下一個出現
的會是什麼。你所景仰的人、鼓舞了你的人，沒有一
個是帶著明確的結果展開一段旅程的。他們也許有個
想法、意圖或最終目標，但他們不知道自己會如何到
達那裡。*

身處迷宮之中正是你想要擁有的冒險。你不想看見一切、
不想知道前面有些什麼、不想彈指之間就可以讓夢想實現。
你想要旅程中的挑戰，因為只有透過克服挑戰，你才能擁有
每個人都在尋找的真實快樂與滿足感。

安娜塔西亞 · 蘇兒

有些事不會像你計畫的那樣行得通，所以你必須透過策略去準備改變——走另一條路。這就像迷宮一樣，你往前走卻發現死路，於是往回走，又發現另一條死路，但它依舊會帶你走到終點，去完成你的夢想。

走在通往夢想的路上，或許會突然出現一道牆，讓你覺得好像走到了死路，你完了。但就像走迷宮一樣，無論狀況是以什麼樣的方式出現，總是有另一條路可以走。當你知道你夢想的成功就位於迷宮中間時，你一點也不會被任何意料之外的迂迴曲折嚇到，因為你知道你的成功可能就在下一個轉角。夢想就是那樣成真的。

約翰 · 保羅 · 德喬利亞

要了解，你想要的也許不會一次全部到來，但如果你真的想要某樣事物，一吋一吋前進很容易，一碼一碼前進則很困難。一路上要一小步一小步踏實地走。

莉姿 · 茉芮

我了解人們會面臨很多事，但即使在限制很多的情況下，你仍然可以做一件事。就像美國前總統西奧多 · 羅斯福的名言：「在你所處的位置，用你擁有的東西，去做你力所能及的事。」你可以挑一件事，

全心投入，即使要花很長的時間，只要一吋一吋地前
進，經過一個又一個選擇之後，你將為自己開創一個
新的人生。不必像好萊塢一樣，發生那種急轉彎、戲
劇般的事。

一次走一步

　　在旅程中請提醒自己，你所要做的就是一次走一步。一次
走一步是你**永遠**可以採取的行動，無論發現自己身在何方或
處於什麼樣的狀況之中，你總是可以踏出一步。如果你讓自
己的心智被前方所有的可能性牽著走，就會變得不知所措。
反正通往你夢想的路絕對不會如你所想的那樣展開，所以，
只要持續提醒自己「一次走一步」即可。製作《祕密》這部
影片時，這幾個字對我的幫助很大。當我的夢想似乎遠離我
的人類腦袋認為它應該走的路時，我會提醒自己只要踏出下
一步；而透過一次走一步，我的夢想就實現了。

莉姿・茉芮
如果你認為你可以看到每一步，你就錯了。我們都
會犯這樣的錯，認為自己必須──甚至覺得自己可
以──控制一切。我的母親參加了戒毒匿名會，那
些人都在唸寧靜禱文：「神啊，求您賜我寧靜的心，

去接受我無法改變的事；賜我勇氣，去改變我可以改變的事；賜我智慧，去分辨這兩者的不同。」這是最重要的。我無法讓我母親復活，無法改變我父親的愛滋病診斷結果，無法控制天氣。你可以列出所有你沒辦法控制的事，而如果你把能量放在那些事情上，只會白費心力。相反地，你應該說：「好，那我可以做些什麼？」

麥可‧艾克頓‧史密斯

我一直都是一次走一步，偶爾會往後走，或是遇到死路，但只要你心裡有那個偉大的願景，且相信自己可以抵達那裡，你終究會做到。

就像走迷宮一樣，某一天你轉過一個彎，突然就抵達終點了，你的夢想就像那樣實現了。

一旦實現了夢想，回頭看你走過的旅程，你會明白你撞到的每一道牆都迫使你走另一條路，而那條路不只帶你走向你的夢想，且往往比你想像過的夢想版本好得多。事實上，根本沒有所謂的牆，只有牆的「表相」；沒有所謂的死路，只有死路的「表相」。這兩樣東西都只是要你繞道而行，目的是為了重新引導你走向更好的夢想版本。

G. M. 拉奧

在我四十年的旅程中,有很多次事情的結果不如我們預期。不過因為帶著開放的心,我毫不遲疑就停止,並改變方向。

我們最近就碰到這樣的事。我們本來以超過十二億美元,取得一家國際能源巨頭百分之五十的股份,但是當事情的結果不如我們預期,且我們所渴望的和夥伴並不一致時,我們決定選擇退出,即使那代表要面對一個暫時的挫折。然而事後看來,我們擁有的遠超過原來的。如果意圖純粹,宇宙就會找到方法獎勵你。

在英雄之旅中,每當你的承諾與投入因為失望、被拒絕,或是某件不如你意的事而開始動搖,你就必須提醒自己:你始終被以一種能帶來最佳結果的方式推著走向你的夢想。

馬斯汀‧基普

有一個在新創公司之間流傳的名詞,叫「軸轉」。基本上,它指的是如果行不通,我就要轉向——實踐我所學的,然後想出某樣新東西。而英雄之旅真的就是這麼回事。看看什麼行得通,改變那些沒有發揮作用的,再試一次,然後你最終會到達目的地。

約翰・保羅・德喬利亞

夢想是會改變的。我在一九八○年和夥伴創立約翰・保羅・米契爾系統公司時，我們的夢想是：「如果一年可以做到五百萬美元的營業額，那我們每個人可以賺二十萬到二十五萬美元，這輩子就不愁吃穿了。」嗯，當我們以那時的公司規模做到這個營業額時，我們的夢想改變了，且變得更大。所以重要的是要知道，一旦達成夢想，就繼續追求另一個夢想。這便是進化。

當你追隨自己的夢想，經歷你英雄之旅中的驚險波折時，有一件事是你可以指望的：你的夢想最終絕對不會比你所想的還要小，它只會以你永遠無法想像的方式變得更大。

NAYSAYERS AND ALLIES

反對者與盟友

彼得・傅優

我們都會遇到反對者。為了建立這種規模的事業，我必須跟最大的反對者競爭、對抗。

彼得・傅優必須面對來自四面八方，來自潛在投資者、競爭對手及政府官員的反對聲音，那可能讓他無法實現夢想。但儘管有這些反對者和擋在路上的種種困難，現今的「耐克斯泰爾通訊・墨西哥」有一萬七千名員工，以最新的電信設備為超過四百萬名客戶服務。身為一對努力工作的移民的小孩，彼得在耐克斯泰爾以不到五年的時間就實現他偉大的夢想，那時他才三十八歲。有了彼得的掌舵，過去十年「耐克斯泰爾通訊・墨西哥」持續快速成長，已經成為一家數十億美元的公司。

馬斯汀・基普

反對者是旅程的一部分。要意識到，如果你成功了、如果你做了某件很棒的事，大家會很喜歡你，有些人則會討厭你。我單純將之視為成功的跡象。

　　如果有人做到了之前沒人做過的事，他一定曾經面臨成千上百個反對者說他的夢想不可能成真。你認為愛迪生說要發明一種可以照亮整個房間的裝置時，其他人是怎麼跟他說的？你覺得貝爾跟別人說他要發明一種可以讓兩個相隔好幾千哩的人對話的設備時，大家是怎麼對他說的？你可以相信一件事：假如你有一個偉大的夢想，身邊卻有很多反對者，那就證明你**可以**做到！

安娜塔西亞・蘇兒

到了一九九五年，我實在太忙了，於是我想：「我必須在比佛利山開一家店。」我去找房東，他對我說：「你瘋了嗎？靠修眉你根本沒辦法賺到錢付房租。」他不想把地方租給我，但他發現我非常狂熱，便答應了。他說：「好吧，我給你六個月。」嗯，第一個星期，我的店外就排了一條隊伍。結果有一天，房東打電話給我：「我從來沒見過這樣的事。你確定你是在那裡修眉嗎？」

萊爾德・漢彌爾頓

反對者總是存在，而你總是會被影響——這就是你要去面對的。別讓自己為那些唱反調的人所苦，因為那樣他們就達到目的了。

　　反對者對你的影響由**你**決定，只有你能選擇如何回應他們。如果你允許一個反對者影響你，你將敞開自己，讓更多反對者來影響你。所以，別讓他們煩擾你。那些反對者的話非但不能讓你喪氣，甚至可以激發你重新產生能量，推動你、驅策你去實現自己的夢想——這跟他們的意圖完全相反。

彼得・傅優

將反對者視為鞭策你成功的因素，是一種很棒的感覺。事實上，他們促使你愈快變得更快樂、更成功。

萊爾德・漢彌爾頓

我將反對者當作燃料。我把「你做不到那件事！」當成「哦，我可以做到！」那樣就會驅動我。我只是把它完全轉過來，把負面的變正面，因為我的世界裡唱反調的人特別多，現在依然如此。

彼得・布瓦西

*只要我覺得自己是走在對的路上，我就不會太受他人
的批評干擾。*

「好多少次，人家都告訴我這是不可能的。而一次
又一次，我必須用盡每一分堅持讓事情成眞。」

霍華德・舒爾茨

星巴克總裁及執行長

　　反對者也有助於重新引導你走向另一條更好的路。你心中
也許已經有一條既定的路，認爲你的夢想應該照那樣實現，
而當你沿著那條路走時，卻遇到了有決定權的反對者，他們
讓你的夢想當場停了下來。因爲無法繼續前進，你被迫尋找
另外的路，於是你發現了另一條可以實現夢想的路，且遠比
之前那條路還要好——多虧了那些反對者。祝福他們！

彼得・傅優

*碰到極端負面的人時，他們其實是引導我前往我正要
去的地方的線索。他們甚至可以指引我更快往正確的
方向前進，而不是把我往後拉。*

彼得・布瓦西

我在加拿大打網球時，那時的網球協會主席寫了一封
信給我：「你應該放棄比賽，因為你打得太差了。」
與其將之視為阻礙，我反而把它當作一個挑戰。當我
回到加拿大參加全國冠軍賽時，我正準備換邊，在那
場比賽的最後一局發球了。我拿出那傢伙說我很差勁
的那封信，而此刻我就要贏得全國冠軍了。

忽略不重要的多數人

　　針對你的旅程，這裡有個你可能會想要考慮一下的寶貴建
議：在把你的夢想告訴別人之前，先為自己灌輸信心和堅定
的信念。如果你太早開始告訴別人你的夢想，你也許會對他
們的反應感到沮喪，然後在真正開始之前就放棄了。許多人
都碰過這樣的事，甚至你也可能發生過。你有個很棒的點
子，想要做某件不在你平常專業領域裡的事，你把這件事
跟其他人分享，結果他們讓你充滿懷疑，於是你的點子和
夢想在你甚至還沒開始落實之前就無疾而終。而命運總是
捉弄人，一段時間後，你發現你有過的那個很棒的點子已
經被另一個人實現了——而且非常成功。

約翰・保羅・德喬利亞
把注意力放在重要的少數人身上，忽略不重要的多數人。

莉姿・茉芮
對於讓別人為你定義事情要很小心。大家都有自己的意見，而且他們會急著告訴你什麼事情有可能、什麼事情不可能。遺憾的是，這就是人們所說的信念。除非已經去做了，否則沒有人知道什麼事情有可能。沒有人。

「遠離那些試圖貶抑你的志向的人。小人總是如此，但真正偉大的人會讓你覺得你也可以變得偉大。」

馬克・吐溫
作家

決定製作《祕密》這部影片時，我是等到它完全在我腦海裡成形，才把這個夢想告訴另一個人。我花了四個月研究、規畫、整合，直到我明白沒有人可以勸阻我。只有在一千個

反對者說我的夢想永遠不會實現，但沒有一個人可以影響我時，我才和其他人分享。

　　在跟別人分享自己的夢想之前，要在那個夢想上面下工夫、要努力增加對夢想的信心，並在心裡規畫夢想，直到那個畫面如水晶般清晰為止。

萊恩・比契莉

我在澳洲的曼利海灘衝浪長大，有兩個人在我右手邊叫我離開水域，兩個人則在我的左邊說：「我們覺得你很棒，很喜歡跟你一起衝浪。」你認為我會聽誰的？當然是我左邊那兩個人。

皮特・卡羅

給我力量，讓我真正從被開除這件事中成長，且變得更堅強的是：我沒有認可那個決定。我就是不接受它。我並不認為他們是對的，而且我知道我有理由不這麼認為。

　　事實上，反對者通常是那些關閉了自己的心，而且沒有完全發揮自身潛力的人。如果他們有全力發揮潛能，就會從自己的經驗中知道，凡事皆有可能。

約翰·保羅·德喬利亞

高中二年級時，我們的商業科老師在全班同學面前對
我的朋友蜜雪兒和我說，我們兩個絕對不會有什麼成
就。我們知道他錯了，我和她一定會用自己的生命去
做某件事。結果，蜜雪兒成了超級巨星，就是「媽媽
與爸爸合唱團」裡的蜜雪兒·菲利浦。

　　製作《祕密》影片時，我有許多跟反對者交手的經驗，其
中一次令我印象特別深刻，那時我正在一大群電視公司主管
面前進行影片初剪版的簡報。我花了一年時間、犧牲了我擁
有的一切，才做到那個程度。結果，影片放映結束時，那些
主管對影片沒有一句讚美的話；相反地，他們嚴詞批評，並
對影片的每個部分吹毛求疵。我帶著極大的震撼離開簡報會
場，茫茫然地在街上亂晃。最後，我振作起來，直奔機場，
準備搭一小時的飛機回家。在那班飛機上我領悟到，我不可
能消除那些電視主管無止境的批評，也不需要。到了飛機降
落時，我已經有了靈感，知道影片可以做哪些修正。我們把
那些靈感放入影片中，而那正是《祕密》影片如此成功的原
因。

盟友

　　在英雄之旅中，你幾乎一定會遇到反對者，但你也注定會遇到許多盟友和天使，他們可能已經存在你的生命裡，或者是在你的旅程中出現來支持你、幫助你，即使只停留很短暫的時間。

馬斯汀・基普

我不相信有所謂靠個人奮鬥而獲得的成功，或是靠自己的力量成功的人，因為每個人一路上都接受過幫助。

萊恩・比契莉

每個成功人士都是站在他人的肩膀上達成目標的，而且很重要的是，無論你有多成功，都要記住並了解哪些人曾在這段旅程中幫助過你。

　　沒有人是自己實現夢想的。有數不清的人會支持你，並在通往你夢想的路上想盡辦法協助你。在英雄之旅的所有經驗中，你認識的人，以及那些你不是很熟、卻在一路上支持並幫助你的人帶給你的驚喜，或許是最美好的。

麥可·艾克頓·史密斯

我和龐大的支持網絡一起工作,從一直支持我的家人、把錢放進這個事業的投資者,到我的員工——他們甚至在我的創業想法還只是畫在餐巾紙上的草圖時就來為我工作。

萊恩·比契莉

設定成為世界冠軍的目標,對一個八歲的孩子來說顯然充滿挑戰性,有些時候我想要放棄、想要走開,然後把雙手舉在空中說:「這真的太難了。」幸運的是,在那些令人痛苦的時刻,有人會讓我振作起來,並對我說:「你可以做到的,我相信你。」而當某個你很尊敬且感激的人對你說,他相信你,那會在你身上注入許多信心。在你的生命中有那些人是很重要的。

拍攝《祕密》影片期間,有無數的人來到我們的生命中,幫助我們踏出必須走的下一步。除了那些盟友之外,我有一組和我一起工作、一起創造出這部影片的人,沒有他們的付出和支持,我的夢想絕不可能實現。

我一度沒有足夠的錢付薪水給我的團隊成員。我把房子貸到最高額度、向銀行透支了幾筆錢,並刷爆我的每一張信用

卡，好讓我們可以繼續製作這部影片，但我還是面臨無法支付薪水這令人心碎的一天。結果，你知道他們做了什麼嗎？幾位資深成員共同從他們的信用卡中提取一些現金，付給那些沒有薪水就過不下去的人。毫無疑問，我團隊中的這些人就是我最重要的盟友。

THE ROAD OF TRIALS & MIRACLES

試煉與奇蹟之路

安娜塔西亞・蘇兒

生命是一場挑戰。如果你認為人生是平順且完美的，那你就錯了，或者，你是在妄想。

彼得・布瓦西

每一天都會出現阻礙。沒有人一早醒來不會在身體上、心理上、情緒上或精神上覺得不對勁。接受你會遇上阻礙這個事實，每個人都會碰到。有人會說：「為什麼是我？」為什麼不是你？

「通往你目標的路不會總是很平順，會出現障礙、會產生問題，但你必須記得你是為了什麼而

努力⋯⋯不要忘記大局，別讓小小的錯誤或失敗
阻擋你。」

德瑞克・基特

美國職棒大聯盟球星

挑戰與阻礙

在英雄之旅中，你遇到的每個阻礙或挑戰都能讓你轉化，
因爲你獲得了堅強的性格，以及克服阻礙或挑戰所需的特質
和能力。這些特質和能力的出現，將你塑造成實現你的夢想
必須成爲的那種人。因此，挑戰和阻礙其實是很好的指標，
顯示你確實走在英雄之旅上。事實上，面臨的阻礙和挑戰愈
大，你的成功就愈大，而你也愈接近夢想實現的那一天。

馬斯汀・基普

*從挑戰中得到的最重要的事物，不是獲得什麼東西，
而是成爲什麼樣的人。當你面臨一項挑戰、並克服它
時，你會對自己、對自己的能力有更大的信心，並且
更能信任神聖的力量，然後你就可以做到更大的事。
克服阻礙或許是最棒的禮物——遠比你得到的東西還
要好——因爲那是永遠無法從你身上奪走的事物。*

彼得‧布瓦西

一旦經歷過一連串的心痛、挑戰、混亂、傾覆，諸如此類，你總是會變得更好，因為你得到了極大的自信。

　　如果你曾經面臨除了去克服別無選擇的事，你會發現你不知道自己擁有的力量。你得到的那些力量形成你的性格，並使你蛻變成比過去的你更好的人。生過小孩的女人都很清楚這一點。為人母者必須堅強，才能養育和照顧小嬰兒。她們需要耐心、容忍度、決心，以及身體上的耐力，而生孩子的經驗為她們準備了扮演好母親這個角色所需的力量和特質。正因為這樣的力量使她們度過最困難的時刻，所以許多人認為我們的母親是英雄。

馬斯汀‧基普

當你真的走上前去擁抱挑戰，當你克服那個挑戰時，那部分的你會說：「天啊，你真的做到了！」你不能只是坐在那裡說：「我愛我自己。」自尊是掙來的。

萊恩‧比契莉

挑戰和阻礙給了所有人機會成長、改進、學習，以及跨出舒適圈，去體驗生命真正要給我們的東西。

　　英雄之旅中出現的挑戰和阻礙，其目的是要為我們準備好夢想實現後維持它所需的特質和能力。如果不知道怎麼處理「成功」這件事，你的夢想可能一實現就會煙消雲散。所以，挑戰和阻礙是為了我們的成功而做的準備。

G. M. 拉奧

我事業旅程的路線就像河的流動一樣，每個阻礙都使我改變方向，最後抵達我的目的地。我整個人生一直充滿挑戰，每一項挑戰都是一個有意義的巧合，並打開了一扇通往更大機會的門。

約翰・保羅・德喬利亞

我們從挑戰和阻礙中得到完整的教育，那是我們的成功的一部分。我的一生當中有很多次，事情發生了，卻不是如我希望的那樣發展，但透過這些事情我了解到：如果沒有經歷過這些，我可能不會像現在這樣快樂或成功。生命中會發生某些事，但它們會是帶你獲得你的最終獎賞的功課。

　　如果回想自己的旅程，我面臨的阻礙和挑戰，跟我決定追隨夢想前所遇到的阻礙和挑戰相比，根本微不足道。當你有個目標、且正在追隨自己的夢想，阻礙和挑戰看起來就不會像你沒有任何目標時那樣困難或棘手。沒有目標，挑戰或阻

礙會顯得毫無道理，只會讓你覺得運氣很背。然而，它們的確有其目的，因為你必須進化。所以，即使你試圖躲避人生，你仍然會面對挑戰和阻礙。

彼得・布瓦西

我的基本人生觀就是：如果有某件好事發生，我就感謝；如果發生了不好的事，我就把它當作一個學習過程。

對所有人來說，第一次碰到挑戰和阻礙都會覺得很困難，但它們也只有在你還沒找到克服的方法時才顯得棘手。你**絕對不會**遇到你沒有能力克服的阻礙或挑戰，絕對不會。

彼得・傅優

心態可以克服阻礙，而我的心態是快樂和感恩，且一直如此。我也決定要在金錢上與他人分享更多，而你分享得愈多，就會有愈多阻礙消失。

彼得・傅優把他的成功歸因於他為了實現夢想而虔心實踐的幾項原則。他面臨的阻礙沒有一個曾經嚇倒他，他透過持續不斷地實踐感恩，維持一個正面而快樂的心態。只要有能力，他就會去幫助別人，而當他遭遇任何困難時，他便運用英雄最重要的能力之一——觀想。

彼得・傅優

一直都有來自競爭者、來自貪汙腐敗、來自管理機關的阻礙,但我並沒有真正感覺到。我感覺到的是結果、是我要去的地方。一個阻礙不過就是讓我繞了一下路,我會說:「好吧,所以我們要如何避開?」我觀想的是某件不一樣的事。

　　觀想你希望的結果,你就會得到某個問題的解答,或是克服某項挑戰的最好方法。不過,想要聽到那個給你的解答,你的心智必須擺脫擔憂的念頭。

　　想像一下這個狀況:你迷了路,於是去問某人要怎麼走,但是正當那個人在告訴你方向,並試著幫助你走出困境時,你卻一直在說你有多迷惘、迷路是一個多大的問題、你是如何試圖找到出路,而你現在又有多擔心自己永遠找不到路出去。那麼,即使對方已經告訴你方向了,你還是沒辦法聽到!如果你的心智一直忙於煩惱或憂慮,你就聽不見來自宇宙的解答。

莉姿·茉芮

有時我會在朋友家的地板上醒來。我必須趕去上開學前就申請的早班課程，而我需要某樣可以激勵我去上課的東西。所以，我會在心裡看見一名跑者。我猜那應該是我，但我只能看到她的背影。她獨自沿著一條路跑步，我看到一些障礙物，而她不斷跨越那些障礙物。我會躺在那裡想像這名跑者，這樣我就可以讓自己起床出門。我會說：「好吧，你很累，那是一個障礙。你的工作，你昨晚做完了，你跨越了一個障礙。沒吃早餐就搭火車去上課，你覺得很餓。障礙、障礙、障礙。」然後，我會看見她用那肌肉發達的背跨越障礙，在太陽底下流著汗。所以，每當某樣事物擋住我的去路時，我會想，如果它不過就是另一個障礙呢？因為障礙和軌道是分不開的，是軌道的一部分，它的出現就代表我沒有偏離軌道。當事情擋在路上，那只是路徑的一部分，而最後如果我跳過的障礙物夠多，我就會抵達我的終點線。

麥可・艾克頓・史密斯

我不知道如何解決，但是在最黑暗的時期，因為我非常相信這個產品，所以我知道我會解決難題。如果你持續下去，然後詢問宇宙，它會給你解決方案的。

約翰・保羅・德喬利亞

讓人無法成功的阻力是：一被拒絕就放棄。想要在任何事情上成功，關鍵之一就是要準備好面對許多被拒絕的狀況，並且別讓自己受影響。很多人在開始做某件事情時並沒有做好這樣的準備，於是，他們認為自己是個失敗者，而這樣的想法阻擋了他們。如果沒有遭受那麼多次拒絕，我就不會創立約翰・保羅・米契爾系統公司。

失敗與錯誤

「我們都會犯錯。如果我們都沒有犯錯，那就不好
玩了。去打高爾夫球時，假如十八洞的每一個我
都是一桿進洞，那我應該不會玩很久。我的意思
是，你必須偶爾碰到困難，比賽才會有趣。不過
也不要太常碰到就是了。」

華倫‧巴菲特

商業鉅子及投資者

萊恩‧比契莉

如果花點時間回想某些你所謂的失敗和錯誤，或是挫
折和失望，你會了解它們全是我們旅程的必要部分。

保羅‧歐法拉

小嬰兒是如何站起來和跌倒的？那需要很多勇氣。
從零到五歲的整個過程有許多阻礙，但你從自己的
錯誤中學習。

萊爾德‧漢彌爾頓

你必須願意讓自己臣服於失敗。我知道對我而言，
最棒的功課來自失敗，而不是成功。那會帶領我們
更靠近夢想。

如果你還沒學到實現你的夢想所需的良好洞察力與判斷力，失敗和錯誤會確保你發展出這些特質。你可能因為某人說過的話，就相信某件事，結果卻失敗了；你可能沒有想清楚就做了決定，後來發現你犯了一個很大的錯誤。然而，當你回想那個失敗或錯誤時，你可能會發現你忽略了某些告訴你事情不太對勁的紅旗或警告跡象。換句話說，你忽視了你的直覺。

萊恩‧比契莉

錯誤確實是個學習機會，而唯一的錯誤是沒有在第一
次就學到教訓。宇宙很棒的一點是，它會持續給你同
樣的課題，直到你學會為止。

你也許了解必須自己去研究，不要盲目相信別人的意見。或者，你也許了解在採取一個重大行動之前，必須更仔細地把事情想個透澈。

「我從一間沒有成功的餐廳學到的，比從其他所有
成功的餐廳學到的還要多。」

沃爾夫岡・帕克

餐廳老闆及商人

G. M. 拉奧

我們一定要慶祝失敗，因為它們是因行動而產生，所
以會是學習最好的基礎。而我們一定要專注在那個學
習上，這樣才不會重複錯誤。為了鼓勵新的想法、新
的方法，鼓勵實驗及創新，錯誤不應該被指責。

當你為自己的失敗和錯誤負責，沒有怪罪他人，並尋找藏
在其中的功課時，它們就成了強大的工具，可以幫助你在英
雄之旅中前進。錯誤和失敗是無可避免的，能否吸取出它們
包含的神奇力量，完全取決於你！

萊爾德・漢彌爾頓

有一個公式化的過程。首先，你必須相信那是可能
的。接著，你必須願意失敗——你重新站起來，再
做一次，然後很快你就會說：「哇，我在前進了。
」接著，「我變得更好一點了。」然後，「我擅長
做這件事。」很快地，你就站上了頂端，然後你會

了解到，重點不在爬到頂端，而在於那個過程。而且，你會著迷於那個過程。

奇蹟

彼得・布瓦西

我一直非常感謝發生種種狀況那些時刻，並了解到我們不是那麼獨立。我們非常依賴，不只依賴氧氣，還依賴好的運氣、好的時機，以及其他人。

英雄之旅中或許會出現試煉，但你也會體驗到一路上發生的奇蹟。事實上，奇蹟比試煉重要得多。以我自己的經驗，通往夢想的路上所發生的魔法和奇蹟，就跟夢想實現一樣令人興奮。當宇宙以一種沒有任何一顆人類腦袋能做到的方式，開始為你安排種種事物時，我向你保證，你一定會驚歎不已。你會一問再問：「那是怎麼發生的？」

莉姿・茉芮

那時我睡在街上，而且經常順手牽羊——不是什麼好習慣，但我需要吃東西。我也經常去書店偷自我成長的書，然後坐在樓梯間閱讀。接著，我的事情被傳開，於是我接到了管理學大師史蒂芬・柯維的公司打來的電話。我出去外面講，而直到站在他的

面前，我才意識到我偷了他的書。我必須對他說：
「我偷了你的書。」而他告訴我，書免費招待。

　　史蒂芬・柯維要她一起上台分享她的故事時，莉姿・茉
芮才十八歲。在莉姿的人生中，那是奇蹟般的一天，因爲
這讓她開始走上公共演說的路，去分享自己的故事，並啓
發他人。接著，莉姿開始寫自己的暢銷書，並和一些重要
人物共同上台演講，例如戈巴契夫、達賴喇嘛及英國前首
相湯尼・布萊爾。

彼得・布瓦西

*一九六八年底，那時我在參加網球巡迴賽，身上沒剩
任何錢。我跟四季飯店創辦人艾西・夏普一起打球，
他問我：「你之後要做什麼？」我說：「我不知道，
也許會回去教書。」然後他說：「你需要些什麼才能
留在巡迴賽中？」我說：「兩張一千八百美元的環球
機票，那三千六百美元就足以讓我留下來。」隔天我
去他的辦公室，他從桌子另一頭遞給我一張三千六百
美元的支票，並對我說：「祝你好運。」那徹底改變
了我的人生。對於留在巡迴賽中，那是不可或缺的一
部分，而留在巡迴賽中也讓我可以獲得好的世界排
名。那之後的其他事就廣爲人知了。*

馬斯汀・基普

那時我在「沙發衝浪」，住在我前女友父母家的泳池邊一個二・五公尺見方的小屋裡。「每日之愛」網站是我的嗜好，但我已經決定全職做這件事。在我花了一個月在推特上發送訊息、寄送電子郵件、全心投入，以及面對眾多的不確定性之後，女星金・卡戴珊轉推了我的一則推文給超過兩百萬人，建議大家來追蹤我的推特帳號。我絕不會忘記那一刻。一夜之間，我們的推特追蹤者就從一千名增加到一萬名。我感覺到神的存在，感覺到祂在驅策我繼續走下去。

　　萊恩・比契莉的遠大夢想是成為世界最頂尖的女性衝浪者，為了做到這件事，她必須打破蟬聯四屆世界冠軍這項紀錄。萊恩在年度的最後一場賽事中出賽，準備爭取她的第四個世界冠軍。一年內在數場比賽中累積最多分數的選手將贏得世界冠軍，而到了年度最後一場比賽，萊恩的分數領先，她的第四個世界冠軍就在掌握之中。

萊恩・比契莉

那是二〇〇一年最後一場比賽，我進入半準決賽，但我在最後一道浪上跌了下來，讓我生氣到極點，而且可能使我失去蟬聯第四次冠軍的機會。我覺得自己讓整個世界失望了。我傷心欲絕，因為我的最終目標是

要追平、然後打破目前的紀錄，也就是連續獲得四屆世界冠軍。

萊恩需要一個奇蹟。她的好幾名競爭者現在都有機會超越她的總分，而且如果他們那天贏得比賽，就可以把世界冠軍帶走了。

萊恩・比契莉

寶琳・曼澤是一九九三年的世界冠軍，她從我身邊走過，對我說：「別擔心，我們罩你。」她希望看到我贏得那個世界冠軍。她橫衝直撞、破壞比賽，避免任何人有機會取得世界冠軍。接著，她贏得那一場比賽，並在過程中把我的第四個世界冠軍交給我。寶琳的視力真的很差，卻無法支付眼睛矯正手術的費用，所以我決定幫她付那筆錢，聊表我對她的謝意。

最終，萊恩・比契莉蟬聯了六屆世界冠軍。

莉姿・茉芮

當我的人生故事被刊登在《紐約時報》時，我學到了很多關於成為英雄的事。我的社區有許多人出現在我的學校，都是為了幫我。我不認識那些人，但他們帶著巧克力蛋糕、從衣櫃整理出來的衣服、祝賀我上大學的禮物站在那裡，就像一群天使一樣。我無家

可歸，他們幫我付公寓的租金、幫我打造可以睡的
床、把燈打開、把冰箱填滿。每個人都用自己的方式
對我好，但有一位女士，她在那群人離開的三個星期
後才出現，而且馬上在我的學校前面和我握手、自我
介紹，並向我道歉。我問她這是為什麼，她說：「因
為我在《紐約時報》讀到你的故事，並把那篇文章貼
在我的冰箱上，然後每天都對自己說，我要幫助你。
但我總是會想：『噢，我沒時間、沒錢──我沒辦法
做。』嗯，親愛的，今天早上我正在洗衣服，突然想
到一件事：莉姿一定有要洗的衣服。」那時我才意識
到，她就站在一部小貨車前面。她看著我說：「嗯，
你有要洗的衣服嗎？」於是我們便去拿我的衣服，她
每星期都會幫我洗一次。她告訴我：「我沒辦法做太
多，但我可以做這個。」真希望這地球上的每個人都
可以學會這一課：「我沒辦法做太多，但我可以做這
個。」我學到，你可以透過小規模的、你此刻力所能
及的方式幫助他人。如果我們都那樣過日子，你就會
看到這地球上思維模式的轉變。

THE SUPREME ORDEAL

至高無上的考驗

安娜塔西亞‧蘇兒

除非你想要每天醒來後都做同一件事，否則你就必須成為一名鬥士；如果你想要有所作為、想要成為重要的人，就必須是個戰士。我希望自己是個重要的人，希望可以做一些改變自身生命和他人生命的事，我不能成為普通人。

麥可‧艾克頓‧史密斯

狀況很艱難。一個事業要花好幾個月才能真正有進展，我們沒有賺太多錢。一九九八年那時候，沒什麼人知道網際網路，所以幾乎沒有任何客人來買我們的產品。我們有個朋友每個月都用假名向我們訂購，只是為了給我們一點信心，讓我們可以振奮起來，繼續走下去。我們幾乎要放棄了。

　　在英雄之旅中，獲得成功的獎賞之前，你會面臨一個最終挑戰，它的規模取決於你夢想的大小。那個最終挑戰被稱爲「至高無上的考驗」，它看起來就像你的夢想已經死了，但是當你從中站起來時，你的夢想就重生了。

麥可‧艾克頓‧史密斯

那就是典型的英雄之旅，不是嗎？走到一條徹頭徹尾的死路，幾乎失去了所有希望，然後你扭轉局面。如果從公園出發就直接抵達，而且從不需要奮鬥或掙扎，那會很無聊。

萊恩‧比契莉

你確實必須跌到谷底，而且必須經歷你的挑戰，才能反彈回來、重新振作。

　　你會在電影中看到「至高無上的考驗」——英雄在他的追尋旅程中克服了每一個阻礙，就在他快要救出公主或抓住聖杯時，會出現一個最終挑戰，他必須克服那個挑戰，才能獲得最後的大獎。

馬斯汀 · 基普

每個英雄幾乎都曾經面臨死亡，或者的確死過，然後重生。而那個心理上、情緒上、精神上，或是身體上、字面上的死亡概念，對人們來說很可怕。然而，我們必須走進去，就像基督張開雙臂被釘在十字架上一樣。

「如果我在其他任何事情上面成功的話，我大概永遠不會有那個決心在我真正歸屬的領域有所成就。我被『解放』了，因為我最害怕的事情已經發生，而我還活著，還有個我深愛的女兒，還有一部老舊的打字機，還有一個很棒的點子。於是，我跌進的那個谷底成了堅實的基礎，讓我在其上重建人生。」

J. K. 羅琳

《哈利波特》叢書作者

約翰 · 保羅 · 德喬利亞

我為一家公司工作，而且身兼兩個職位。即使如此，他們還是說我並非他們屬意的經理人類型，就炒我魷魚了。於是，我去另一家公司工作。一年後，他們也

開除了我，就因為我週末沒和他們出去混。至於下一家公司，我讓他們的營業額翻三倍，但有一天，公司的負責人對我說：「很抱歉，我們必須讓你走，因為有人只要你一半的薪水就可以做你這份工作。」於是，我創立了約翰・保羅・米契爾系統公司。投入這家公司兩年後，我了解到一件事：如果我沒有在前面那三家開除我的公司工作，根本不可能成立約翰・保羅・米契爾系統，因為每一家公司都教會我某些事。即使我被炒魷魚了，但那就好像宇宙在推著我前進，一路上教我各式各樣的事，無論我知不知道。

當約翰・保羅・德喬利亞和他的事業夥伴保羅・米契爾正要推出他們的護髮產品時，一位本來答應資助他們的事業的投資人突然抽回所有資金。約翰・保羅和他的夥伴背負巨額債務，沒辦法支付帳單，而且除非客戶付款，否則撐不過接下來的四十五天。他們似乎注定要失敗了。但那時候，約翰・保羅突然想到一個絕佳的點子──貨到付款就提供折扣。幾乎所有的客戶都接受了這個提案，於是約翰・保羅・米契爾系統公司就保住了。

萊恩・比契莉

一九九五年，我排名世界第二，正在爭取我的第一個世界冠軍。我把自己逼得很緊，於是在一九九六年，

我被慢性疲勞擊倒。身體上似乎沒什麼不對勁，但在心理上、情緒上和精神上，你已經跌到了谷底。我陷入低潮的程度到了出現自殺傾向——對一個如此熱愛生命的人來說，這真的很令人擔憂。我想要放棄，但還是有值得我活下去的事物：我選擇把注意力放在我對衝浪的熱愛上。我沒有體力去做我喜愛的事，但我現在具備心智力量，可以朝著再去做那件事的方向努力。我承諾要去夏威夷比賽，即使我知道自己沒有力氣那樣做。我心想：「我就是去那裡享受衝浪的樂趣。」結果那一年，我贏得了夏威夷的每一場比賽，而那就是我獲得第一個世界冠軍的前一年。那個慢性疲勞的經驗確實是很珍貴的一課，我真的很高興我沒有放棄。

皮特·卡羅

在我的教練生涯中，我被開除過幾次。在我們這一行，當你被炒魷魚時，運動界的每個人都會知道——消息會出現在報紙上、會在新聞裡播出，是件大事。這不像你被炒魷魚時只須回家面對你老婆就好，你必須面對每一個人。這是很大的挑戰。但沒關係，事情發生了，其中一定有某樣東西可以幫助我在日後變得更好、更強。我突然領悟到，我已經工作了很長一段時間，卻沒有深入挖掘，去真正觸及對我來說很重要的事物，讓我可以在下一個計畫中把它帶出來。我陷

入困境，不知道是否還有另一次機會，但假如機會真的出現了，我會準備好。然後，去南加大的機會出現了，於是我們描繪了這樣的願景：我們會把事情做得比以前更好。

馬斯汀・基普

當事情出問題、我們被連根拔起時，如果這其實不是生命在跟你唱反調、不是生命對你很無情，那會怎麼樣？如果那些時刻是一場神性的暴風雨呢？如果那些事情會發生，不是為了懲罰你，而是為了你最大的利益，所以要連根拔起那些無法讓你發揮最大潛能、對你的靈性道路沒有幫助的事物呢？如果你過得最糟的一週或一天是神性的安排，其實是你最美好的一天呢？

安娜塔西亞・蘇兒正要推出她的眉毛產品系列時，關鍵投資者退出了。突然間，安娜塔西亞需要兩百萬美元來行銷、販售她一整個倉庫的產品，而她只有七天去籌錢，不然就得放棄她的夢想。安娜塔西亞沒有放棄，而是教會自己關於行銷和販售的每一件事。由於她的心靈手巧和堅韌，安娜塔西亞的眉毛產品全賣了出去，並且在美國和全世界都非常成功。

麥可·艾克頓·史密斯

我在二〇〇四年成立「心智糖果」這家遊戲公司，我們開發的第一款遊戲非常有創意，卻是一場商業災難。莫希怪獸是我們最後一次碰運氣，是我們打造成功遊戲的最後機會。我們做好了，但也花光了所有的錢，因此在二〇〇八年底，我們基本上沒有現金了。我的直覺對我吶喊說，這裡有某種魔法，這項產品真的有其特別之處，但我們找不到任何人來投資。那段時間是我們所遭遇最大的阻礙、最瘋狂的時期，因為我有一個團隊等著我發薪水，而我們幾乎就要宣布破產、關閉公司了。在那些漫漫長夜裡，我總在早上四點醒來，輾轉難眠，不知該如何解決這些可怕的問題。幸運的是，我找到另一個天使投資了一些錢，就在聖誕節之前，我們有了足夠的錢可以付給員工薪水，公司也不必熄燈了。而就在下一個月，我們推出了訂購服務，從此之後，我們就一直獲利。

保羅·歐法拉

中國人有句話說：「危機就是轉機。」每一次的失敗中都包含了一個新機會的種子，這是不言而喻的道理。

我對《祕密》這部影片的夢想，是希望它可以同步在全世界每一個國家發行。我確信唯一可以做到這件事的方式，就

是透過全球多個電視網，在二十四小時內播放。一開始，當
《祕密》的想法誕生時，國際電視網對這個案子表現出高度
的興趣。但是當影片一完成，那些電視網在還沒看到它之
前，就一個接一個打消了念頭。影片已經製作完成，我背
負了三百萬美元的債務，而我們看不到任何方法可以把影
片發行到全世界。

　　然後，我們聽說有一家公司研發出一項新技術，可以串流
網路上的廣告。發行我們影片的新可能性出現了！我們的團
隊發了狂似地跟這家公司合作，將該技術擴展到可以配合整
部影片的長度。於是，《祕密》就在網路上透過即時串流播
出了——有史以來第一部以這種方式觀看的影片。科技讓全
世界的人在二十四小時內觀看《祕密》這部影片，如同我夢
想的一樣。

　　「寧可冒著快餓死的風險，也不要投降。如果放棄
　　自己的夢想，你還剩下什麼？」

金‧凱瑞

演員

　　事實上，雖然至高無上的考驗聽起來很可怕，但是在面對它時，你甚至可能不知道那就是了。當你面臨這個最終挑戰時，你已經有了充足的準備。能走到這麼遠，表示你已經意識到你內在的強大能力，也了解你擁有對抗──並且戰勝──那個至高無上的考驗所需的一切。

Part 4

勝利

THE REWARD

獎賞

　　你應該看過贏得冠軍的運動隊伍，以及贏得金牌和打破世界紀錄的運動員欣喜若狂的樣子。他們的能量十分強大，向你席捲而來，讓你滿懷喜悅，甚至快哭了出來。然而，我們看著他們時的感覺，跟那些運動員在勝利時刻所感受到的一切根本無法相比。因為只有曾經踏出旅程中的每一步，堅持通過挑戰，並克服所有阻礙之後你才會知道，經歷成功那一瞬間的最終獎賞到底是什麼感覺。

皮特・卡羅

　　二○○五年和奧克拉荷馬大學比賽前夕，我正在跟我的球隊講話。我們有個不敗的球季，面對一支不敗的隊伍，參與的是大學美式足球史上最大的一場比賽，那天晚上的集會該說些什麼好呢？我走了進去，告訴大家我們創造了我們準備要做的事，我們希望可以把

這件事做得比之前還要好。我們已經一連贏得許多場勝利，而現在要參與的可能是你參加過最大的一場比賽。我們相信這個願景，直到將它實現出來之前，我們一直都在努力，他們是沒有機會打敗我們的。但這不是我們要學的功課，我們要學習的是：透過設定路線、創造願景，你可以達到你想要的。然後，我們就出去以很大的分數差贏得比賽了。

彼得‧布瓦西

我真的擁有十分美好的人生。今天，我們是一開始那十七家同性質的公司裡唯一存活下來的；到現在為止，我們把網球帶到了一百三十四個國家——願景已經實現了。

麥可‧艾克頓‧史密斯

我的職業生涯中最刺激的一刻，是我們在二〇〇九年初推出訂購服務的時候。之前我們免費提供產品，現在則要家長一個月付五英鎊來買。服務剛上線時，我們那個小團隊圍在電腦前面盯著螢幕看。五分鐘內，我們就有了第一筆訂單，賺到了第一個五英鎊。我們開心得彼此擁抱、跳上跳下。接著，在有機會冷靜下來之前，我們就接到了第二筆訂單，然後是第三筆、第四筆。我們非常高興眾家長已經準備好要付錢購買

這個我們投注了所有心力、靈魂和能量在內的產品，這種感覺真的非常特別。

莉姿‧茉芮

當我進入哈佛大學、拿到獎學金，且有機會跟我的第一個聽眾說話時，我經歷到美妙的時刻。我經常跟朋友說：「發生的這些事感覺就像電影、像一本書。」接著，他們果然把我的旅程拍成一部電影，然後是我寫了一本書。這讓我更加相信這個世界上有魔法。

萊恩‧比契莉

可以回顧自己的職業生涯，然後說：「那是我做的嗎？我不敢相信那是我做的！」是非常有意義的一件事。有時候，我仍然無法把那個贏得那些世界冠軍的人跟我自己連結在一起，但我很感恩，因為有機會只是透過追尋自身夢想就改變他人的生命，是非常令人滿足的。

萊爾德‧漢彌爾頓

從一個遠大的夢想開始，並讓它成真，為我的心帶來喜悅。一切就好像童話故事一樣。所有的挑戰、所有的失敗，以及所有的衝擊、肉體損傷和受傷的心，都非常非常值得。如果會改變我現在達到的狀態，我是不會去改變任何一瞬間發生的事情的。

G. M. 拉奧

*生命給我的，多於我曾經夢想擁有的一切。如果沒有
追隨自己的夢想，我只會過著平凡的人生。*

安娜塔西亞·蘇兒

*我擁有最棒的人生——就像電影一樣。我做我喜歡的
事。如果你做的是你喜歡的事，多有福氣啊！我享受
這段旅程，而且仍然很享受每一天，彷彿那是新的一
天。到了生命的盡頭沒有後悔，那種感覺是最棒的。*

　　你的夢想成功實現的最終獎賞並不代表旅程的結束，而
是另一段旅程的開始。突然間，讓你可以擴張或打造夢想
的金錢回報和數不清的機會，將湧入你的生命之中。隨著
金錢、機會和成功而來的，是一種光榮的自由感，但它們
無法和「我做到了」那種狂喜與滿足相比——你可是「無
中生有」啊。

保羅·歐法拉

*在一天的開始，我都會問自己想要在這個特別的日子
裡做些什麼。那就是自由。*

馬斯汀·基普

我擁有旅行的自由，以及用我想要的任何方式創造和設計我的人生的自由。我完全不受限於地點，因此可以在峇里島、茂宜島、印度、南非或紐約經營我的事業。那樣的自由太酷了，即使在旅行，我仍然可以賺錢和經營事業。那簡直令人興奮到發抖。最酷的是，我可以在想要起床的時候才起床。我過去很討厭早上要起來去上學，那真是太糟了。

安娜塔西亞·蘇兒

夢想愈大，賺的錢當然愈多。任何夢想都一定有金錢上的回報。

成功來臨時，你很可能會發現自己處於一種狀況：也許是生平第一次，你可以買你一直想買的東西、去你一直想去的地方旅遊、做你一直想做的事。除此之外，你還有機會和家人及朋友分享你的成功，讓他們的生活也得以改善。

馬斯汀·基普

有兩件事情非常有意義——能夠回饋，以及擁有可以幫助他人的資源。我終於有能力以我一直想要的程度付出了。

莉姿‧茉芮

在我無家可歸的時候和我一起掙扎求生的那些人,直到今天都是我的家人,我認識他們十六、七年了。有了一些錢之後,我非常興奮,因為我有能力為我們每一個人創造體驗了,就從我們的需求開始:所有人都去看牙醫。我幾個朋友需要租一間公寓,我們就幫忙付房租;我朋友的父親得了癌症,需要動手術,我們能夠讓他接受手術。我也有了遮風避雨的地方。能夠照顧我所愛的人、能夠貢獻某些東西並讓大家的生活變好,為我帶來莫大的喜悅。這是我生命中非常值得的體驗。

我出生在一個貧苦家庭,雖然我們沒有很多錢,但我們擁有彼此。我很幸運能在一個安全的環境中長大,被家人的愛圍繞。我的父母一輩子都很努力工作,卻一直沒什麼錢。父親過世時,不只讓母親失去一生的摯愛,留給她的錢也很少,而且她還沒有收入。我的父親在《祕密》成功之前就過世了,沒機會看到那個夢想實現,但我母親看見了。她一輩子只能勉強餬口,但在《祕密》之後,一切都改變了。

我記得一個特別的日子,那天我母親打電話給我的時候在哭。原來,她去一家店為自己買了幾件衣服,那是她這輩子第一次買衣服不用問價錢,所以她哭了。

　　如果你夠幸運可以擁有一對爲你的成長和幸福安康奉獻一生的父母，你就會了解我那天的感覺。我一生中可以給母親的東西，沒有一件比得上她給我的。

彼得・傅優

有人問：「你爲什麼還在工作？」我答道：「因爲我正在改變世界，而只要我還在這裡，我就想要繼續這麼做。」

爲了喜悅而工作

　　這世上沒有一種感覺比找到自己的夢想並實踐它更好了。爲了單純的喜悅而工作、星期一早上醒來很興奮、熱愛自己所做的事以致覺得放長假很無聊——這就是活著！

彼得・布瓦西

七〇年代末、八〇年代初，我住在夏威夷。早上六點，我就搭著電梯要去上六點半的網球課。我看著四周的人，心想：「這些人必須在這個時間去工作，真可憐。」我根本不覺得自己是要去上班或工作。

約翰・保羅・德喬利亞

我喜歡我所做的事。我期待去辦公室，期待看到和我一起工作的人。我選擇了這個生活方式，而這樣的生活方式很好。

皮特・卡羅

無論有沒有拿到錢，我都想要做我現在正在做的事。有趣的是，我們大部分的球員也說同樣的話。我們是專業人士，拿很高的薪水做這件事，這很棒，但我們不管怎樣都會做。有機會對你所做的事有那樣的感覺，是很幸運的。

麥可・艾克頓・史密斯

很多人說：「如果賺到錢、如果事業成功，我就要在三十歲的時候退休。」這種事很少發生，因為有那種動力、那種遠大的夢想和願景去打造某樣驚人事物的人，不會只想蹺起二郎腿退休。

　　有人出一大筆錢要我賣掉《祕密》影片，那時我背負龐大的債務，也看不見任何方法可以把這部影片發行到全世界。但是，賣掉我的夢想對我來說是無法想像的事，這就好像要賣掉我最大的喜悅和生存的理由，而且不管用多少錢都買不到它。

麥可‧艾克頓‧史密斯

我有機會賣掉這個事業,換得很大一筆錢──好幾億
美元──但我不想坐在遊艇上喝著雞尾酒航向夕陽。
我喜歡我做的事,我想要持續打造、創造事物,並和
優秀的人一起工作。那是每天早上讓我起床的原因。

　　體驗到實現夢想的獎賞是極其愉快的,且每個讓夢想成真的人都值得擁有那份獎賞。而既然你現在已經知道你內在具備某些能力和特質,可以實現你想得到的任何事,那麼你很有可能也會滿懷興奮和熱忱,想要繼續以你的成功為基礎,讓你的夢想更進一步。然而,這不是你故事的結尾,不是這趟旅程的結束。要完成英雄之旅,還有一個必要步驟,就是這最後一步引發轉化──讓人類變成英雄。

A LIFE WORTH LIVING

值得過的人生

彼得 · 布瓦西

人的身體對於我們做來滿足它的事有其限制——我們一次能吃的食物有一定的量,能喝的也有限。然而,服務他人的能力是無限的。世界上最快樂的,是那些為其他人做事的人。

在你的英雄之旅中,有某件大事會發生在你身上。你會經歷一場轉化,而透過那個轉化,你會被驅動著往前再踏出一步。這是最後一步了。踏出這最後一步時,你成了真正的英雄,而英雄之旅也完成了。

你用來實現夢想的熱情之火,變成了悲憫之火,比方說,你會回去幫助那些跟你之前一樣處於劣勢的人。你知道他們的痛苦、知道他們那種絕望的感受,因為你經歷過,而你被

更高的力量召喚去盡己所能運用你擁有的任何工具、運用你在旅程中得到的一切，幫助和鼓舞眾多生命。

馬斯汀‧基普

英雄會被卡在兩個地方。第一個是冒險的呼召出現的時候，而每個英雄都經歷過拒絕呼召的階段，所以這第一個地方眾所皆知。比較不為人知的是「拒絕回去」，也就是當英雄得到獎賞，且沉浸在莫大的快樂和喜悅之中，以至於不想離開的時候。然而，除非你把那個人生的靈丹妙藥帶回家鄉和其他人分享，否則旅程不算完成。英雄之所以是英雄，是因為這並非一趟自私的旅程；英雄指的是那些將自己的人生投入某件大於自己的事情的人。

「當我們不再以自我為中心、不再想著要自我保護時，我們的意識會經歷重大轉變。」

約瑟夫‧坎伯

神話學家

在獲得所有的成功與獎賞之後，當一個比你自己更大的願景抓住你的心時，你內在的英雄就出現了。你不得不去

分享所謂的「人生的靈丹妙藥」，也就是你在旅程中學到的一切，好讓你盡可能影響更多人的生命。

彼得・布瓦西

金融家及慈善家勞倫斯・洛克菲勒說過，當你了解你能達到的最崇高地位是僕人時，你就知道自己已經成熟了。凡對此感到自在的人，將真正擁有成功的人生。而能夠為每一個人服務的關鍵，在於抱持非常非常謙卑的態度。那是你最寶貴的東西，是你人生的最終成就，也是最重要的一課。

莉姿・茉芮

當我盡己所能用我的生命讓另一個人的人生變得更好時，我最有活著的感覺。

G. M. 拉奧

這個社會給了我現今所擁有的一切，我覺得我有責任回報我的感謝之情，並將實踐社會責任當作一件重要的事。

　　當你走完英雄之旅時，你知道沒有那些幫助過你的人的支持，你絕對不可能實現自己的夢想。因為對自己得到的一切懷抱最深的感謝之意、對那些還在掙扎求生的人懷抱最深的

悲憫之情，你會不由自主地去回饋、去讓他人的生命有所不同。你感受到的悲憫之火如此強烈，以至於無論你做了什麼、無論你付出多少，你就是想要做得更多。

彼得·布瓦西

有所貢獻和做某件有意義的事，對我來說有多重要？這是我的生命存在的證明，是我早上起床的原因，是讓我在晚上入睡前感受到一股極大的滿足感的事。

麥可·艾克頓·史密斯

如果你有很多錢，卻只是放在銀行、沒做其他用途，那感覺就像浪費了潛力一樣。你應該把錢拿出來做些事。幫助和支持別人，看他們實現夢想並過著更快樂的人生，感覺很棒。

彼得·傅優

我坐在辦公室裡，看到一名團隊成員，還看到他們的孩子在走廊上跑來跑去，那一刻，絕對沒有其他事比這一幕更令人滿足。看到那個小孩很快樂、很健康、即將要去上一所很不錯的學校……你心裡知道，因為你某天出現的一個想法，你直接照顧到某個人了。

保羅．歐法拉

我不會沒日沒夜地工作，好讓我的幾個兒子住豪宅。他們會得到足夠的東西，但就這麼多了。我的一切都要捐給慈善單位，而且要在死前全部捐掉。

G. M. 拉奧

我很幸運，因為宇宙給我機會去服務這個社會。在我這方面，我已經抵押我所有的持股，捐給我們經營的基金會了。

英雄之旅的最後一步不是只開張支票給慈善單位，而是去找到一個方法，讓你可以將時間、精力與熱情投入和你的心起共鳴的領域；是去找到跟過去的你同樣處於劣勢的人，或是找到那些缺乏資源去實現你已經達成的目標的人。透過你學到的所有技能，你開始用你會的任何一種方法改善別人的生活，並提供他們機會，讓他們也能追隨自己的夢想。

安娜塔西亞．蘇兒

歐普拉在南非開辦一所給女孩子就讀的學校時，我去了那裡。我從沒見過她如此欣喜若狂、如此快樂。她的能量令人難以置信，因為她正在改變那些女孩的人生。回饋是你一生中所能擁有最令人滿足的經驗，回饋是最棒的！

成功的人知道，只是給予金錢並非幫助他人的最終解答。那些已經完成旅程的人致力於確保一件事：他們給的錢被用在可以提供人們改變自身生命的方法和機會的地方。

約翰・保羅・德喬利亞

現在，我最大的夢想是幫助一整個國家在考慮到生態的情況下發展、繁榮起來。

他們不是選擇提供金錢以滿足人們的基本生存需求，例如乾淨的水，就是利用他們的錢提供人們活出充實人生所需的方法和機會。就像一句老話說的：「不要只給他們魚吃，還要教他們如何自己釣魚。」這個原則可以指引你該把你的金錢、時間和你擁有的其他事物投入哪裡。

皮特・卡羅

全世界有幾百萬個公益團體，我希望我可以全部都幫忙，但「一個更好的洛杉磯」這個非營利組織就在洛杉磯，真正與我們所在的地方連結在一起。我們提供一對一的輔導，想要幫助人們找到希望並了解到，如果他們為自己創造願景，就可以真正支配、掌控他們所在的世界。幸運的是，我們已經成為拯救某些家庭和孩子的主要因素。可以和這件事有所連結讓我感到非常驕傲，我希望我可以付出更多、做得更多。

啓發、鼓舞及希望也是你每天可以給予他人的事物，而這些東西可以爲某個人做的，往往比你能夠給的錢還要多。

麥可・艾克頓・史密斯

此刻我很喜歡的一件事，就是啓發學童。他們也許不知道企業家精神是什麼意思，但只要去跟他們說話、去啓發他們，有些人日後就會創立自己的事業，並過著一個有意義的人生。

我們的「祕密公司」從獲得第一塊美元的收入起——甚至遠在開始獲利之前——就將很大比例的收入捐獻給全世界那些讓人們得以自主、協助他們過著充實人生的非營利組織。

彼得・布瓦西

我們開設了一個輪椅網球課程，現在差不多推廣到全世界了。我們提供免費的網球課給世界各地的輪椅網球選手，到現在已經三十八年了。透過這項運動，我們得以帶給人們許多喜悅與快樂。

無論你目前走到英雄之旅的哪個階段，或甚至你根本還沒踏上這條路，你現在就可以付出。如果有人需要你幫忙，盡你所能去幫助他或她。有一條重要的指導原則可以協助你判斷何時要幫、何時不幫：對方可以輕易自行做到的任何一件

事，都不要去做。如果你做了，不但沒幫到他，反而讓對方
失去力量。幫助別人和使別人失去力量這兩者之間只有一線
之隔，所以你要出手相助的，是那些他們無法輕易自行做到
的事。啓發他們、鼓勵他們、爲他們灌注信心，並提供他們
機會，讓他們可以把自己拉出目前的處境。當你這麼做時，
你就給了他們力量，而我們任何人所能做的事，沒有一件會
比提供另一個人充實自身生命所需的一切更棒。

馬斯汀・基普

*不管怎樣，付出的機會是沒有限制的。就算處於經濟
衰退期也沒關係，仍然有許多機會可以付出。當你善
於付出時，就是豐盛真正流向你的時候。*

莉姿・茉芮

*有時人們也許會認爲，他們必須寫一本書，或是對數
千人演講，才算服務眾人。其實，你可以透過規模很
小、但意義非常重大的方式提供服務。*

彼得・傅優

*你可以提供你的時間，或是提供你的資源。我們只
能透過更常幫助他人，來讓自己的生活變得豐裕、
富足。*

「即使你做的事只幫到一個人，你都做了一件很棒的事。」

布雷克・麥考斯基

TOMS鞋公司創辦人

約翰・保羅・德喬利亞

六歲那年的聖誕節，母親帶著我和弟弟去洛杉磯市中心。到了那裡，有個男人在敲鐘，她給了我們十分錢，叫我們走過去把錢放進那男人旁邊的桶子裡。我們照做了，然後問母親：「為什麼要給那個男人十分錢？」那時候，我們幾乎沒什麼錢，而用十分錢可以買到兩大罐汽水，以及大概三根棒棒糖。結果，母親告訴我們：「那是救世軍，他們在照顧那些無家可歸的人。記住這件事，孩子們：只要活著，無論我們擁有多少，總是有人擁有的比我們少。永遠都要試著去做一點事。」那灌輸給我一個觀念，就是不管你擁有什麼，都要回饋，我想這是某些人成功的部分原因。沒有與人分享的成功，就算失敗。

當你透過你做得到的任何方式回饋時，無論是大是小，你因為知道自己幫助了另一個人而感受到的快樂，是不會消失的。事實上，你所感受到的喜悅和快樂是如此巨大，

以致你可能會懷疑，那個召喚你去追隨自身夢想的原因，
並非讓你到達這英雄之旅最後一步的真正理由——因為在
這最後一步，一個大於你自身的願景會占據你。

莉姿·茉芮

當你問某人關於他的夢想的事，而且繼續問到底，答
案總會是：「因為我想讓人們的生活變得更好。」我
想這是我們與生俱來的渴望，也是完成我們來到這裡
的命運的一部分。

萊爾德·漢彌爾頓

我只希望能想出如何多做一點，並帶來更大的改變。
而當我繼續往那個方向前進時，我想最終我會發現，
在我的目標背後，想為這個世界帶來改變的意圖勝過
其他一切。

THE HERO IN YOU

你內在的英雄

　　在踏出英雄之旅的最後一步之後，你成為一個完整而神聖的人，一個真正的英雄。你的心智和意識在你展開地球之旅時變得局限，現在已經歷一場轉化──以往人生際遇看似沒有任何邏輯，現在你可以清楚地看到，生命是以精準且可理解的方式在運作。透過你對他人的悲憫之情，你的心智與那個為了全人類的宇宙合而為一。當你的悲憫之情加深，困惑、痛苦及恐懼會開始消失，取而代之的是一份智慧與知曉，那遠勝於你從閱讀書籍和拿到學位所得的知識。你記起你本來的樣子，你明白在地球上我們都是一家人，你充滿了全然的平靜，以及一份對生命的純粹喜悅。這是你的故事，這是你的命運。

　　我知道你內在擁有的潛力，我知道你內在擁有的英雄美德和力量。這是你的故事，但只有你能活出這個故事；這是你的英雄之旅，但只有你能走。現在你有了地圖和羅盤，而且你在這旅程中所走的每一步，都有我們陪在身旁。

彼得・傅優

你可以擁有一個更快樂、更充實的生活。一切都在你之內等著發生，無論你身在何方，或是你所處的情境為何。

萊恩・比契莉

我相信你，但除非你相信你自己，否則那沒有任何意義。相信自己，並且盡你所能去贏得你最終想要的一切。

皮特・卡羅

每個人都有力量，但我們太常把力量交給周遭那些有意見的人，或者，我們因為自己的出身或背景而沒有給自己足夠的信任，相信我們的確有力量可以創造出我們想要的。這是我可以傳達的最重要的訊息。

G. M. 拉奧

相信你的夢想，而且絕對不要放棄。要堅持不懈、持續相信，那麼它就會實現。每一段旅程都是從一個夢想開始，而你對自身夢想的全然信心，將爲你鋪好路。

約翰·保羅·德喬利亞

成功的人和不成功的人之間很大的差別，在於成功的人不預期任何事。走出去自己動手做吧，如果不成功，就繼續嘗試，直到成功爲止。每個人都有那種力量——你也有。

莉姿·茉芮

到最後，我們這一生所做的事都跟「詮釋」有關。是我們告訴自己的那個故事——關於我們是誰，以及我們爲何在這裡——決定了我們的經驗的品質。好消息是，你隨時可以改變那個故事，因爲你是——而且永遠都是——你的人生唯一的作者。

彼得·傅優

我要做些什麼、我要喊得多大聲，才能讓每個人都聽到我說，你是個英雄？每一個人都是英雄，你可以在自己的世界成爲英雄。

　　你所走的每一步、你試圖完成的每一件事、你想要實現的每一個夢想，都是在尋找永恆的快樂。而你將持續四處尋找那份永恆的快樂，直到最後來到英雄之旅的終點，你會了解到，當你發現真正的你是誰，你就找到了你一直在追尋的永恆快樂。

　　這時，我們每個人在這地球上的英雄之旅就完成了。只有你自己才能走上這趟發現之旅，只有你自己才能發現真正的你是誰，只有你自己才能發現你內在的英雄。到那時之前，你內在那個英雄會在你生命中的每一天持續召喚你。

本書裡的英雄人物

祕密公司很榮幸可以將本書的收入,捐贈給下列這些由書裡
的英雄人物創立或支持的基金會與慈善團體。

麥可‧艾克頓‧史密斯

www.mindcandy.com

麥可‧艾克頓‧史密斯是「心智糖果線
上遊戲公司」的執行長及創意總監,這
家公司創造出引發風潮的莫希怪獸。莫
希怪獸是一個線上遊戲及虛擬世界,但
也包含了玩具、交易卡、雜誌、書及電
影。帶著想為數位世代打造一家最棒的
娛樂公司這樣的願景,麥可持續帶領心智糖果公司前進。

莫希基金會

www.themoshifoundation.com

麥可創立了「莫希基金會」,這是一個資金贊助組織,目的
在協助全球的兒童與年輕人。到目前為止,基金會提供給眾
多慈善團體的補助,已經被用來提升兒童與年輕人的教育、
健康和福利,協助克服財務上的困境,以及在治療和教育方
面幫助那些有特殊需求和身心障礙的孩童。

萊恩・比契莉

www.laynebeachley.com

 萊恩・比契莉是有史以來最成功的女性衝浪者，而且是創紀錄的七次世界冠軍贏家。她目前是國際衝浪協會的副主席，也是「澳洲衝浪」這個組織和澳洲運動名人堂的董事。萊恩每天持續衝浪，偶爾參加大師賽，並且是一名激勵講師。

萊恩・比契莉瞄準星辰基金會

www.aimforthestars.com.au

萊恩創立了「萊恩・比契莉瞄準星辰基金會」，目標是要在財務上支持和鼓勵年輕女性和女孩，幫助她們實現自己的夢想。這個計畫開放給全澳洲投入在運動、學術，或是尋求社區發展與文化的女性。萊恩的目標是在這些年輕女性和女孩尋求成就偉大的過程中提供幫助。

彼得・布瓦西

www.peterburwash.com

彼得・布瓦西是前職業網球選手,以及歷來最受敬重的網球教練之一。他是世界最大的網球管理公司「彼得・布瓦西國際公司」的創辦人及總裁,這家公司在全球三十二個國家提供頂級的網球訓練和個別課程。此外,彼得也是暢銷書作家和受歡迎的激勵講師。

關心沃林達文

www.fflvrindavan.org

因為常在國際間旅行,彼得開始支持「關心沃林達文」這個組織。這是一個總部在美國的慈善團體,為印度貧窮的沃林達文地區募款,提供當地社區基本的生活必需品,讓他們未來能夠自力更生。這個慈善團體特別為那些被忽視的印度女孩提供教育基金,好讓她們發揮全部的潛能。

皮特・卡羅

www.petecarroll.com

皮特・卡羅是美式足球教練，他帶領的球隊曾經獲得兩次全國冠軍，以及好幾次聯會冠軍和分區冠軍。皮特目前是西雅圖海鷹隊的總教練及執行副總裁，最近則獲頒為國家美式足球聯會的年度最佳教練。

一個更好的洛杉磯和一個更好的西雅圖

www.abetterla.org

www.abetterseattle.com

皮特以其慈善工作聞名，特別是他致力於減少洛杉磯和西雅圖的幫派暴力與青年暴力。皮特創立了「一個更好的洛杉磯」和「一個更好的西雅圖」，目的在於讓個人有力量創造更安全、更強大的社區。這兩個組織和社區性組織合作，提供眾多家庭和年輕人工具、輔導及支持，幫助他們成長、茁壯。

約翰‧保羅‧德喬利亞

www.paulmitchell.com

約翰‧保羅‧德喬利亞是共同創立「約翰‧保羅‧米契爾系統公司」的企業家，也是護髮產品和美容學校的創辦人。約翰‧保羅是公司的執行長，這家公司每年的營業額已經超過十億美元。

一九八九年，他共同創立培恩烈酒公司，且現在擁有其大部分股權。約翰‧保羅也很熱中於環境議題、國際外交政策及慈善事業。

約翰‧保羅的和平、愛與快樂基金會

www.peacelovehappinessfoundation.org

因為小時候在寄養家庭待了一段時間，成年後則承受無家可歸之苦，約翰‧保羅投入相當多資源到他的慈善組織「約翰‧保羅的和平、愛與快樂基金會」。這個組織支持環境永續發展、社會責任及動物保護，並致力於讓人們透過園藝和農耕計畫幫助自己，獲得養活家人和自行創業的能力。

彼得・傅優

www.nextel.com.mx

彼得・傅優是一名企業主管及國際電信專家，被視爲整個拉丁美洲最優秀、最創新的執行長之一。他在好幾家公司擔任董事，並繼續以「耐克斯泰爾通訊・墨西哥」總裁的身分，帶領多達一萬七千名員工。

耐克斯泰爾基金會

www.nextel.com.mx/nextelfundacion.html

身爲公司的執行長，彼得打造了一個令人欽佩、重視企業社會責任及慈善的文化。「耐克斯泰爾基金會」透過教育爲最弱勢的社區成員提供支援。基金會藉由針對年輕人、貧困者及身障人士設立的獎學金和課程，以及資助科學研究和高等教育來支持眾多學生。

萊爾德‧漢彌爾頓
www.lairdhamilton.com

萊爾德‧漢彌爾頓是世界知名的巨浪衝浪選手、革新者，以及拖曳衝浪、立槳衝浪和水翼艇衝浪的先鋒。他持續把自己的時間分配在衝巨浪、發展新的混合衝浪運動形式，以及提升大眾對某些議題的認識——讓他心有共鳴的議題。

捕雨者
www.raincatcher.org/laird

萊爾德和他的太太，蓋碧兒‧芮絲，最近被任命為「捕雨者」的董事。這是一個非營利組織，成立的目的是為了減輕全球的水危機。「捕雨者」透過供應雨水收集系統，已經在全世界幫助了七十萬人。「捕雨者」的目標是在二○一五年前再為一千萬人提供乾淨的飲用水。

馬斯汀‧基普

www.thedailylove.com

馬斯汀‧基普是一名創業家、作家及部落客，運用社群媒體傳播啓發人心的訊息。馬斯汀創立了「每日之愛」，這是一個網站、每日電子報和推特帳號，一天的訂閱者多達六十萬人，並透過《哈芬頓郵報》同時發布。馬斯汀上過《歐普拉的生命課程》這個節目，而歐普拉在她的《超級靈魂星期天》節目中稱他爲下一代的靈性思想家。

安東尼‧羅賓基金會

www.anthonyrobbinsfoundation.org

馬斯汀將他的轉變歸功於安東尼‧羅賓這位生命教練的幫助。而爲了表達感謝之意，他十分支持「安東尼‧羅賓基金會」。這個非營利組織開辦許多課程，來幫助那些最常被社會遺忘的人，並豐富他們的生命，例如年輕人、長者、無家可歸者及受刑人。

莉姿‧茉芮

www.homelesstoharvard.com

莉姿‧茉芮是一名暢銷書作家，也是全世界最搶手的激勵講師之一，因為從無家可歸到哈佛畢業這不可思議的旅程而聞名。她曾經和戈巴契夫、達賴喇嘛及英國前首相湯尼‧布萊爾這樣的人物同台演講，而且因為她從事賦予年輕人力量這份鼓舞人心的工作，白宮和歐普拉都曾經頒獎給她。

動力青少年領導力

www.momentumteens.org

身為青少年的榜樣，莉姿對於能夠支持「動力青少年領導力」感到驕傲。這是一個非營利組織，其目標是為了鼓勵青少年，賦予他們力量，並培養他們的領導技能。「動力青少年領導力」開設工作坊和課程，提供工具和經驗幫助青少年成為一個負責任、有自信、對自己的社區和這個世界有貢獻的人。

保羅 · 歐法拉

www.paulorfalea.com

保羅 · 歐法拉是「金科氏公司」的創辦人，這是一家世界頂尖的辦公室用品及商業服務連鎖企業。除了金科氏之外，保羅也把他的時間分配在以大學教授的身分傳遞他的知識和經驗，以及眾多讓他感興趣的慈善事業上。

歐法拉基金會

www.orfaleafoundation.org

在保羅的領導下，「歐法拉基金會」致力於讓他人有能力找到自己的強項。他們支持的計畫包括創新的幼兒教育、為積極主動的學生提供的高校課程、數千個高等教育獎學金，以及針對挑選過的大學課程提供優渥的資金贊助。此外，保羅也致力於協助解決單親父母的困境，以及確保提供孩子健康的校園膳食。

G. M. 拉奧

www.gmrgroup.in

G. M. 拉奧是「GMR集團」的創辦人及
主席，這是一家總部設在印度班加羅爾
的全球性能源與基礎建設發展公司。身
爲有遠見的企業領導者，拉奧先生最近
把他的公司轉向城市開發和創建國家資
產，例如發電廠、高速公路及機場。

GMR維羅拉克希米基金會

www.gmrgroup.in/foundation.html

拉奧先生是企業社會責任的強力擁護者，並創立了「GMR
維羅拉克希米基金會」，去解決當地社區基礎福利設施不
足和赤貧的問題。基金會希望讓每個人都可以接受優質的教
育，健康的需求則透過建立醫院和醫療診所，以及提供救護
車來解決。此外，他們還透過爲有進取心的年輕人開設訓練
機構和創業課程，來創造自行創業的機會。

安娜塔西亞 · 蘇兒

www.anastasia.net

安娜塔西亞 · 蘇兒被認為是眉毛權威，而且是美容產業的代表人物。因為獨特的修眉方法，安娜塔西亞建立了令人羨慕的客戶群，其中包括好萊塢名人，並且在比佛利山和布倫特伍德經營旗艦級沙龍。此外，全球許多高檔百貨公司裡都有安娜塔西亞的眉毛工作室，她個人也開發並推出一系列獨家的眉毛和化妝產品。

安娜塔西亞更明亮的地平線基金會

www.anastasiafoundation.org

透過「安娜塔西亞更明亮的地平線基金會」，來自寄養體系的年輕人可以獲得獎學金，去尋求美容和護膚方面的工作。基金會也提供資金和援助，協助美容學校教育、實習、實作訓練，以及就業安置。他們的目標是讓年輕人可以自給自足，並為未來打造一個基礎。

針對書中人物的延伸閱讀

萊恩・比契莉

《在浪潮之下》

萊恩・比契莉對自我信念力量的見證。

出版社：蘭登書屋（澳洲），二〇〇九

彼得・布瓦西

《成爲你的D-A-S-H大師》

個人軼事、領悟，以及來自過去和現在那些開悟者的明智忠告，爲改善我們的人生旅程提供基本指引。

出版社：火炬之光出版社，二〇〇七

《親愛的青少年》

彼得・布瓦西針對如何健康且身心靈健全地成長，爲年輕人提供寶貴的指引。

出版社：火炬之光出版社，二〇〇八

萊爾德・漢彌爾頓

《大自然的力量：身、心、靈，當然還有衝浪》

萊爾德・漢彌爾頓分享讓他成爲全世界有目共睹的優秀巨浪衝浪者的獨特哲學。

出版社：羅代爾圖書，二〇〇八

馬斯汀・基普

《每日之愛》

出版社：賀書屋出版社，二〇一四

莉姿・茉芮

《最貧窮的哈佛女孩：那一段飢餓、無眠與被世界遺忘的倖
存歲月》

莉姿・茉芮從流落街頭到哈佛畢業的勵志故事。

出版社：亥伯龍出版社，二〇一〇

保羅・歐法拉

《複製成功！：一個把妙點子變成美國最好的公司之一的過
動閱讀障礙者教會我的事》

保羅・歐法拉的故事，描述一個原本幾乎無法閱讀或書寫的
小孩，最後卻創立了金科氏公司，並將它打造成市值十五億
美元的帝國。

出版社：工人出版社股份有限公司

© 歐法拉家族基金會，二〇〇五

www.thesecret.tv

The Eurasian Publishing Group
圓神出版事業機構
用心閱讀．卓智開展

方智出版社
Fine Press

http://www.booklife.com.tw

reader@mail.eurasian.com.tw

方智好讀 063

Hero：活出你內在的英雄

作　　者／朗達・拜恩（Rhonda Byrne）
譯　　者／王莉莉
發 行 人／簡志忠
出 版 者／方智出版社股份有限公司
地　　址／台北市南京東路四段50號6樓之1
電　　話／（02）2579-6600・2579-8800・2570-3939
傳　　真／（02）2579-0338・2577-3220・2570-3636
郵撥帳號／ 13633081　方智出版社股份有限公司
經 銷 商／叩應股份有限公司
法律顧問／圓神出版事業機構法律顧問　蕭雄淋律師
印　　刷／國碩印前科技股份有限公司
2014年10月　初版
2023年12月　21刷

定價 320 元　　　　ISBN 978-986-175-369-0

國家圖書館出版品預行編目資料

Hero：活出你內在的英雄／朗達‧拜恩 著；王莉莉 譯.
-- 初版.-- 臺北市：方智，2014.10
　　256 面；14.8×20.8公分.--（方智好讀；63）
　　ISBN 978-986-175-369-0（平裝）

　1.成功法　2.自我實現

177.2

◆ **很喜歡這本書，很想要分享**

圓神書活網線上提供團購優惠，
或洽讀者服務部 02-2579-6600。

◆ **美好生活的提案家，期待為您服務**

圓神書活網 www.Booklife.com.tw
非會員歡迎體驗優惠，會員獨享累計福利！